13歳からの

「傾聴力」向上バイブル

人間関係を豊かにする聴く力が身につく本

一般社団法人日本傾聴能力開発協会 代表理事
岩松 正史 監修

プロローグ

突然ですが、質問です。

あなたの友達が何かで悩んでいるとしたら、どんなふうに声をかけてあげたらいいと思いますか？

たとえば、あなたがＡさん（悩んでいる人）としましょう。Ｂさん、Ｃさん、Ｄさんのような声がけをされたとき、あなたはどんな気持ちになるでしょうか。

お悩み例

Ａさん「最近クラスでなんだかハブられている気がするんだ」

声がけ例

Ｂさん「そんなことないよ、思い過ごしだろ。
　　　　気にしない、気にしない！」
Ｃさん「それはおまえにも悪いところがあるんじゃないの？」
Ｄさん「そうなんだね、なんとなく疎外感を感じるんだね。
　　　　それはつらいよね」

Ｂさんは、一見励ましてくれているようですが、Ａさんの状況を聴こうとはしてくれません。Ａさんはきっと「悩んでいることをわかってもらえない」「本心を聴いてもらえなかった」と感じるのではないでしょうか。

Ｃさんは、悩みを聴くどころか、悩んでいるＡさんのほうが悪いと言っていますね。Ａさんは「わかってくれない」と傷つくでしょうし、もしかしたら、「この人にはもう相談しない」と思うかもしれません。

Ｄさんはどうでしょうか。まず「そうなんだ」と、Ａさんの言葉を

そのまま受けとめ、「疎外感を感じるんだね」と、Ａさんの気持ちをわかりやすい言葉で言い返し、「それはつらいよね」と、Ａさんの気持ちに寄りそっています。こういうふうに声がけしてもらったら、Ａさんは、「自分の気持ちをわかってもらえた」とほっとするでしょうし、つらい思いが少し軽くなるのではないでしょうか。そして、Ｄさんに相談してよかったと思い、もっと話したいと思うでしょう。

　Ｄさんのように人の話を聴ける人はみんなに好かれます。また、学校やクラスのみんながＤさんのように人の話を聴くことができれば、お互いを信頼し合えるすてきな人間関係が生まれるでしょう。

　Ｄさんのように人の話を聴くことを、「傾聴」といいます。傾聴とは、すごく簡単に言うと「聴き上手」のことです。生まれながらにして傾聴ができる人もまれにいるかもしれませんが、たいていの人はうまくできません。なぜなら、だれもそんなことを学んでこなかったからです。学校でも教えられなかったし、親からも教えられていません。習っていないのだからできなくて当然です。

　ですから、この本を読んで今から学んでほしいと思います。

　傾聴は、ただ黙って聴けばいいいわけではなく、聴き上手になるにはコツがあります。どうやったら聴き上手になれるのか、順を追って説明していきます。

　傾聴はむずかしいことではありません。だれにでもできる簡単なことばかりです。でも、知っていると知らないでは大違い。

　上手に聴けるようになればなるほど、人の話を聴くことが好きになります。聴けば聴くほど人間関係が良くなりますし、あなたは人から好かれ、自分のことが好きになり、自分に自信を持てるようになります。さああなたも、今日から聴き上手をめざしましょう！

傾聴はやわかり
けい　ちょう

「傾聴」ってどんなことか、簡単にまとめたよ。
詳しくは本を読んで、少しずつ理解しよう！

▲ウサギ先生

【傾聴の基本的なテクニック】

うなずき・あいづち

へえ〜
そうなんだ

うんうん

うなずいたりあいづちを打ちながら話を
聴くことで、相手は「ちゃんと聴いてくれ
ている」と安心して、話しやすくなるよ。

くり返し

○○だっ
たんだ

へえ、○○
だったんだね

だいじなことをそのままく
り返すことで、相手は「受
けとめてくれた」と感じる
ことができるよ。

伝え返し

なるほど、
○○○という
ことなんだね

あーで、こーで
結局○○でね…

相手の言いたいことを確か
めるために「こういうことか
な？」と自分が理解した内容
を伝え返すことだよ。

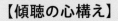

> ## 相手のことを否定しない

> ## 良い・悪いの評価をしない

> ## この人はこうだと決めつけない

> ## ○○すべきだと押しつけない

【傾聴が大切にしていること】

あなたもOK、私もOK

みんな違ってみんないい、というのが傾聴のだいじな考え方。人と意見が違っても「私はこう思うけど、あなたはそう思うんだね」と認め合えるコミュニケーションが傾聴だよ!

自分も大切にしよう

人の気持ちを聴くこともだいじだけど、自分の気持ちも傾聴し、自分を大切にしよう。欠点もふくめて自分のことを好きになろう。そうするともっと傾聴が上手になるよ。

はじめに

　私は、約20年間、心理カウンセラーをしています。引きこもり支援NPOの相談員や若者の就労支援の相談員もしてきました。

　カウンセラーや相談員はいろいろな人の悩みを聴くことが多い仕事ですが、経験を積めば積むほど、「人の話を聴くってむずかしいな」と感じる経験をたくさんしてきました。上手に人の話を聴けない自分がいやになることもありましたが、なぜかこの仕事を辞めたいとは思いませんでした。

　私に大きな変化が訪れたのは、結婚して子どもができてからです。

　授かった子どもは私にとってまさに宝でした。ところが問題がありました。私はすごく怒りっぽくて自分に自信がない人間だったのです。こんな自分が親になれるのだろうかと真剣に悩みました。ちゃんとしたお父さんになりたい。そう思って、傾聴専門の先生のところに学びに行くことにしたのです。

　傾聴は、すぐには上手になれませんでしたが、学べば学ぶほど人の話を聴くのが上手になりました。人の話を聴くことで相手から喜んでもらえて、そのおかげで少しずつ自分に自信が持てるようになってきました。人の気持ちを理解しようとすることで、自分の気持ちも理解できるようになり、今まで大きらいだった自分のことが少し好きになりました。以前は怒りっぽくて、よく人と対立していましたが、傾聴のおかげで他人の言い分も聴けるようになり、人間関係にあまり悩まなくなりました。

　それもこれも、全部傾聴のおかげです。

　私は、人の気持ちを聴けるようになりたくて傾聴を学んだのに、人

のことだけでなく自分のことも楽にすることができたのです。

　この本は、私が学んできた傾聴の考え方やテクニックを、中高生のみなさんにもわかるようにお伝えするものです。

　本当のことを言うと、傾聴は、まずみなさんの両親や先生方にこそ学んでほしいと思っています。なぜかと言うと、みなさんには人からちゃんと傾聴をしてもらった経験があまりないと思うからです。

　傾聴をしてもらって、「人に否定されたり、○○するべきだと言われることなく、ただ話を聴いてもらうってとても気持ちがいいことなんだな」とぜひ体験してほしいのです。自分が体験したことがないのに、人を傾聴するのは簡単ではありません。食べたことのない料理を人に説明したりつくったりすることがむずかしいのと同じです。

　でも、せっかくこの本を手にとってくださったのですから、とにかく学んでみましょう。

　この本に書かれていることは、みなさんが今まで慣れ親しんできたコミュニケーションのしかたとは違うことが多いと思います。だからむずかしく感じるかもしれません。全部理解しようとか、すぐにできるようになろうとか考えず、できるところから少しずつやってみてください。傾聴を学べば、私がそうだったように、みなさんも友達との関係が良くなったり、自分に自信が持てたり、自分が好きになったりすると思います。そして、傾聴の知識は、社会に出てからもずっとあなたを助けてくれるでしょう。

岩松 正史

第1章 傾聴について知ろう

第2章 傾聴ができると何が良いの？

第3章 傾聴をするための心構え

第4章　傾聴するための技術を学ぼう

第5章　こんなときどうする？

第6章　自分を傾聴してみよう

第 7 章 【実践編】傾聴してみよう

Q&A

Column

傾聴について知ろう

「傾聴」について必ず知っておきたい
基本的な考え方を学びましょう。

傾聴ってなあに?

 相手を尊重し共感し関心を持って聴くことです

傾聴とは聴き上手のこと

相手の話すことに対し、相手の立場に立って、相手に共感しながら、関心を持って聴くことです。英語ではアクティブリスニング(積極的傾聴)とも言われています。

もっとわかりやすく言うと、相手の言おうとしていることを、自分と考え方が違うなと思っても否定したり反論したりしないでそのまま聴くことです。「聴き上手」と言われることもあります。

どうして聴くことがだいじなの?

まず、自分が人から傾聴してもらえたらどんな気持ちになるかと考えてみましょう。あなたの考えや気持ちを話しても、「それは違う」とか「それはおかしい」とか言われずに「それで、それで?」と興味を持って聴いてくれたらうれしくありませんか?　自分の気持ちをうまく言葉にできなくてもやもやしていたら、「きっとこういうことなんだね」と整理してくれるとすっきりしますよね。

そういう聴き方こそが傾聴です。

傾聴ができたらどうなるの？

　あなたのことを尊重し、あなたの言うことをよく聴いてくれる、言葉にふくまれた気持ちもくみ取って、共感したり理解したりしてくれる、そんな人がいたらどんなにいいだろう、と思いますよね。逆に言えば、そういうふうに話を聴いてくれる人がいたら、ああこの人がいて良かったと安心したり、その人のことを好きになったりするのではないでしょうか。

　傾聴ができる人は人から好かれます。クラスのみんなが傾聴スキルを持てば、人間関係が良くなり、すてきなクラスになります。家庭内でもそうですし、将来、会社で働くようになっても同じです。

　傾聴はみんなを幸せにするコミュニケーション方法なのです。

☑ **傾聴とは、相手の立場に立って、
　相手に共感しながら、関心を持って聴くこと**

☑ **傾聴はみんなを幸せにするコミュニケーション方法**

そもそも「傾聴(けいちょう)」ってだれが言い始めたの?

アメリカの心理学者のカール・ロジャーズさんです

　傾聴とは、アメリカの心理学者のカール・ロジャーズさんが考え出した心理療法(りょうほう)です。

　ある人が、心に悩みがあって精神科医やカウンセラーに相談したとしましょう。以前は、悩(なや)んでいる人に対し、医師やカウンセラーは、「ああしなさい」「こうしたらいいですよ」と、専門家としての意見を述べることが普通でした。ところがロジャーズさんは、意見を述べるよりも、患者(かんじゃ)さんの言うことをうなずいたりあいづちで応答しながら聴(き)いたり、「あなたはこう思うのですね」と、患者さんの言った大切な言葉をくり返しながら聴くほうが、患者さんが早く良くなるということに気づいたのです。

　ロジャーズさんは、これまでの経験から、どんな聴き方をしたときに患者さんが良くなったかを次の3つにまとめました。

1 無条件の肯定(こうてい)的関心（受容）

2 共感的理解（共感）

3 自己一致(いっち)（一致）

1 無条件の肯定的関心とは、相手のことを知りたい、話を聞きたいという気持ちで、相手を否定したり非難したりしない、良い・

悪いという評価もしないで、相手のすべてを受けとめること。ひとりの人間として尊重することです。簡単に「受容」ということもあります。

2 **共感的理解**とは、相手の身になって相手の気持ちを理解することです。

3 **自己一致**とは、聴き手が相手に対しても自分に対しても正直な気持ちでいること。自分の意見を無理に曲げたりしない、わかったふりをしないでわからないときはわからないと言う。相手も自分も無理をしない関係でいることです。

と言っても、まだぴんとこないかもしれませんね。次ページから具体的に説明しましょう。

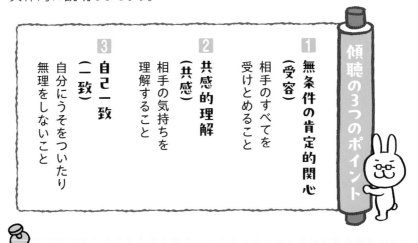

傾聴の3つのポイント

1 **無条件の肯定的関心（受容）**
相手のすべてを受けとめること

2 **共感的理解（共感）**
相手の気持ちを理解すること

3 **自己一致（一致）**
自分にうそをついたり無理をしないこと

☑ 傾聴を考えたのは
アメリカの心理学者カール・ロジャーズ

☑ 傾聴の3つのポイントは、
無条件の肯定的関心・共感的理解・自己一致

「無条件の肯定的関心」って なあに?

 無条件に相手を受けとめることです

評価や否定をしない

「無条件の肯定的関心」とは、相手の話を、好ききらいとか、正しい正しくないといった評価を一切せずに聴くことです。

たとえば、あなたが、「今日は疲れたから宿題をしたくない」と言ったとします。普通であれば、「宿題はするべきだ」と言われることがほとんどでしょう。自分でもわかっているのにこう言われるとしんどいですよね。

でも、こう言われるとどうでしょうか。

「そうか、(あなたは)疲れたから宿題をしたくないんだね」

否定もされず、批判もされずただ、あなたが言ったことをくり返しただけです。叱られなくてよかった、と思うだけでなく、「気持ちをわかってもらえた」と少し心の重荷が軽くなるのではないでしょうか。こういう聴き方や態度を「無条件の肯定的関心」と言います。これは、傾聴の大切な考え方なのです。

相手の存在に条件をつけない

　無条件に相手を認めるとはどういうことだと思いますか?

　だれでも人から愛されたい、認められたいという欲求があります。しかし、ほとんどの人は無意識のうちに、「ありのままの自分では愛されない(認められない)」と思っています。それが、「親を喜ばせたいから(やりたくないことでも)がんばる」「先生にほめられたいから(いやなことも)がんばる」というような行動につながってしまいます。それが続くと自分が本当にやりたかったことを見失ってしまったり、いつも人の評価が気になるようになってしまいます。それは、とても苦しいことです。

　「〇〇でなければ」といった条件を一切つけないで、相手のありのままを認め、尊重することも「無条件の肯定的関心」の考え方です。

「片づけたくないなあ」

「片づけないとダメ!」✕

「片づけたくない気分なんだね」〇

「無条件の肯定的関心」とは、

☑ 良い・悪いなどの評価なしで相手を受けとめること

☑ 一切の条件なしで相手の存在を認め尊重すること

「共感的理解」ってどういうこと?

相手の考えを「そうなんだ」と受けとめることです

同感は「私」が主語、共感は「あなた」が主語

　Aさん「〇〇がきらいなんだよね」

　Bさん「わかる〜、私もきらい!」

　この会話の場合、BさんはAさんに共感していると思いますか? 実はこれは、共感ではありません。では何かというと、「同感」なのです(同感と共感は同じと書かれている辞書もありますが、「傾聴」の場合は同感と共感は、区別して考えます)。ではAさんに対してどう返せば「共感している」ことになるのでしょうか。それは、「そっか〜、あなたは〇〇がきらいなんだね」と、Aさんの気持ちをそのまま理解しようとすることです。

　大きな違いは、同感は「私もそう思う」と、私が主語なのに対して共感は「あなたはそう思うんだね」と、あなたが主語になること。

　普段の会話では、「私」を主語にして話すことが多いのではないでしょうか。同感することがいけないわけではありませんが、「傾聴」と言うときは、同感ではなく「共感」して聴くのが基本です。

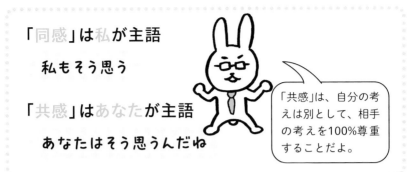

「同感」は私が主語

　私もそう思う

「共感」はあなたが主語

　あなたはそう思うんだね

「共感」は、自分の考えは別として、相手の考えを100%尊重することだよ。

なぜ同感ではなく共感なのか

　「共感して聴く」とは、相手が思っていることに対して、賛成も反対もせず、「あなたはそう思う」という事実を100%受けとめることです。「同感して聴く」ことは、相手の意見と自分の意見が同じときはいいのですが、同じでないときに「私はそうは思わない」と言うことで相手が心を閉ざしてしまったり、かといって相手に気をつかって「私もそう思う」とうそをつくと自分が苦しくなります。

　でも、共感なら、相手を否定しなくてもいいし、自分にうそをつかなくてもいい。共感して聴くことは、自分も相手も尊重できる関わりかたなのです。

☑ 傾聴とは「共感」しながら相手を理解しようとすること

☑ 同感と共感は違う

☑ 共感は自分も相手も尊重できる

「自己一致」ってどういうこと?

 自分にも相手にもうそをつかないことです

本音と表情や態度が一致しないとつらくなる

　傾聴では基本的に相手の言うことに対して「正しい」「正しくない」という評価をしたり、「私はそうは思わない」と否定したりしません。相手の言うことをすべて受けとめるのが傾聴です。

　でも、毎回自分の言いたいことを言わずにがまんしたり、まったく賛成できないことに対しても反論せずにいるのがつらくなるときがあります。これでは相手はすっきりしてもこっちにはもやもやが残ってしまいます。この状態は自分にうそをついていることになり、自分の本音と表面に出ている態度や言葉が一致していない(自己一致していない)状態です。こういう状態が続くとつらくなります。では、どうしたらいいのでしょうか。

　ひとつは、うそをつかなくていい聴き方をすることです。前ページで、共感と同感の違いについて話しましたね。同感は、相手の言うことに対して、「私も好き」「私はきらい」=同感かどうかという同感軸でものごとを見ています。この場合、意見が同じときはいいのですが、意見が異なるときはやっかいです。表面的には賛成のふり

をすると自分が苦しくなります。面と向かって意見が違（ちが）うことを言うと対立が起こります。同感軸で相手と向き合うからやっかいなのです。

でも共感軸で相手と向き合うとどうでしょうか。

自分の意見がどうであれ、「（あなたは）そう思うんだね」と、相手が言ったことをすべて受けとめます。だいじなのはあなたがどう思うかではなく、「相手がどう思うかをわかる」こと。これが共感的理解です。乱暴な言い方をすれば、相手がどう思おうと私の意見とは関係がない、だからイラっともしないし同意しているふりをする必要もない。自分にうそをつかなくてもいい。こういう状態が「自己一致」です。

相手の話がわからなければ、わかったふりをせずわからないと言ったり、ずっと聴いていることに疲れたら「ちょっと疲れたから少し休（つか）んでもいい?」と言えることも、自己一致のためには必要です。

ぼくはりんごが一番好き

へえ、きみはりんごが一番好きなんだ

あたしはササの葉のほうが好きだけど、それはそれとして…

共感であれば、相手を否定しなくてすむし、自分にうそをつかなくてすむね。

☑ 「相手がどう思うか」をわかろうとする

☑ わからないことはわからないと言う

☑ わかったふり、同意しているふりはしない

「聴く」と「聞く」の違いって何ですか?

焦点を当てるのは事実か気持ちか

情報収集や普通の会話は「聞く」

きき方には、目的によって次の3つのきき方があります。一般的に、**1**、**2** は「聞く」で、**3** は「聴く」と区別されます。

1 情報収集の聞き方
2 普通の会話のときの聞き方
3 傾聴の聞き方（聴き方）

情報収集の目的は事実を集めること。5W1H、いつ（when）、だれが（who）、どこで（where）、なにを（what）、どのように (how) したか、もれなく「聞く」のが情報収集です。

普通の会話のときは、なにか話題（テーマ）やことがら（事実）があって、それについてお互いが言いたいことを自由に言い合います。たとえば「今日学校であったこと」とか「最近見つけたおもしろい動画」とか、なんらかの話題について自分の経験や思ったことを好きなように言う。相手の言うことをじっくり聴くというよりは、聞いては返すという感じで、どんどん会話は盛り上がっていきます。

聞く	聴く
▪ 情報収集のための聞き方 ▪ 普通の会話	▪ 傾聴の聞き方（聴き方） 　＝ 相手を尊重し共感し関心を持って聴く 　＝ ことがらよりも気持ちに焦点を当てて聴く

傾聴ではことがらより気持ちを聴く

　傾聴の聴き方は、「相手を尊重し共感し関心を持って聴く」ことでしたね。傾聴の聴き方と、**1**、**2**の聞き方との大きな違いは、ことがら（事実）よりも相手の気持ちに焦点を当てて聴くことです。

　たとえば、「昨日、友達とディズニーランドに行ったんだけど、とちゅうでけんかになっちゃって…」と友達が言ったとします。焦点を当てるべきは、「ディズニーランドに行った」という事実よりも、「けんかになっちゃって…」というところ。ここには「こまった」「悲しかった」という気持ちが現れています。この友達が聴いてほしかったのはまさにここではないでしょうか。そこに注意を向けてあげるのが傾聴です。「気持ちに焦点を当てて聴く」ことは、案外むずかしいので、次の項で詳しく述べます。

☑ 情報収集や普通の会話は「聞く」、
　ことがらより気持ちに焦点を当ててきくのが「聴く」

気持ちを聴くってどういうこと?

事実と気持ちをきき分けることです

ことがらより気持ちを聴くことで相手を理解する

傾聴って何のためにするのでしょうか。相手のことをよく理解したい、悩んでいる人に寄りそい支えたい、家族や友達、学校などの人間関係を豊かにしたい…。傾聴とはそういう願いを実現するコミュニケーション方法です。

相手をよく理解し、人間関係を豊かにするためには、相手の気持ちを知らなければなりません。だから傾聴は、ことがら（事実）よりも相手の気持ちを聴くことに注力するのです。ところが気持ちって、言葉どおりに聴くだけではわからないことがあります。

たとえば、友達が「ライブのチケットがやっと取れた」と言ったとします。これに対し「良かったね」と言うだけでは、傾聴の観点からは物足りない気がします。

本当に相手の気持ちに寄りそうとしたら、もう少し注意深く相手の言葉を聴く必要があります。この例の場合、注目すべきは「やっと」という言葉です。その言葉で表現されている気持ちを観察して、「やっと取れたんだ、それはよかったね」と声がけしてあげると、「そう

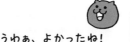

なの。すごく早くから情報を集めてやっと取れたからすっごくうれしいんだ」と話が続いていくでしょう。きっと相手は、チケットを取るためにどれほど苦労したかを聴いてほしかったはずですし、自分の気持ちを語ったあとはすごく満足できたのではないでしょうか。

　言葉だけでなく、相手の表情や声のトーンにも注意が必要です。「やっとチケットが取れたんだけど…」とあまりうれしそうではないトーンで言われたら、何か困ったことがあったのかもしれません。そんな時は「わぁよかったね！」とハイテンションで返すのではなく、相手と同じトーンで「やっと取れたんだね、よかったね。でも、何かあったの？」と低いトーンで返せば相手も「実はね…」と、困りごとを話しやすくなります。これが気持ちに寄りそうということであり傾聴の姿勢なのです。

- ☑ 相手の言葉に現れている「気持ち」を観察する
- ☑ 「やっと」などの言葉に注目する
- ☑ 言葉だけでなく相手の表情や声のトーンにも注意する

傾聴が注目されているわけ

　傾聴は、もともとは心理カウンセラーなど、人の話を聴く専門家のための特別なスキルでしたが、最近では、医療、福祉、教育、一般企業など、さまざまな場で求められるコミュニケーションスキルとなっています。それは、傾聴が人と人との信頼関係を育み、良い人間関係を築くためにとても効果的だとみんながわかってきたからです。

　人はみな、自分のことをわかってもらいたいし、自分の話を聴いてほしいと思っています。だから、傾聴スキルがあり上手に人の話を聴ける人は好かれます。ひとりだけでなく、みんなが傾聴スキルを持つことで、お互いの考え方を尊重し合えるようになります。すると言い争いや仲間割れもなくなり、チームワークも良くなります。

　最近、人手不足のニュースをみなさんもよく耳にするのではないでしょうか。企業は、給料を上げたり働く環境を良くして人材を集めようとしています。しかし、少々給料が低くても人間関係の良い会社に勤めたい人が多くなっています。人が会社を辞める一番の理由は「人間関係」とも言われています。だからこそ、企業でも傾聴の研修を行うなど、傾聴が重視されるようになっているのです。

　働き方も価値観も多様化している今、いろいろな人の考えを尊重する傾聴スキルのニーズは今後ますます高まっていくでしょう。

傾聴ができると
何が良いの？

「傾聴」を知っているといろいろ
良いことがあります。どんな良
いことがあるのか紹介します。

みんなに好かれます

 みんな自分の話を聴いてほしがっています

　人はみな、自分のことを話すのが好きですし、自分の話を聴いてほしい、自分のことをわかってはしいと思っているものです。でも、普段の会話の中ではなかなかそれがむずかしい。みんなと話していても、話が上手な人や声の大きい人ばかりがしゃべってなかなか自分が話す機会がない、思っていることをうまく言葉にできなくて気持ちが伝わらない。そんなふうに思うことは少なくないはずです。

　せっかく話し始めても、否定されたり、十分に話を聴かないうちに「私ならこう思う」と持論を述べられたり、話の腰を折られたり。思う存分話せる機会は案外ないものです。

　だからこそ人の話をよく聴ける人は、「ああ、やっと聴いてくれる人がいた」とみんなから好かれます。傾聴とは、「相手を尊重し相手の気持ちに共感し関心を持って聴くこと」。こんなふうに聴いてもらえたら、その人に好感を持ちますし、信頼を寄せるようになります。

　ある調査では、「おもしろい話をしてくれる人」よりも「話をよく聴いてくれる人」のほうが人に好かれるという結果も出ています。

昨日、USJに行って楽しかったんだ！

✕「私もこの間、行ったよ！」

◯「うわあ、よかったね！　特に何が楽しかった？」

　　　【解説】人の話を横取りしてはいけません。うれしかった気
　　　持ちを聴いてあげましょう。

 最近、〇〇さんにきらわれている気がするんだけど

✕「気のせいだよ。気にすることないよ」

◯「それは気になるよね。
　　どうしてそんな気がするの？」

　　　【解説】励ますのはいいですが、まずは気持ちを聴いてから。

 志望校、A高校とB高校で悩んでいるんだけど

✕「私ならA高校がいいと思うよ」

◯「むずかしいよね。どういうところで迷っているの？」

　　　【解説】あなたにとって良い選択肢が相手にとっても良い選
　　　択肢とは限りません。まずはなぜ悩んでいるか聞いてあげ
　　　ましょう。

 ☑ 好かれるのはおもしろい話をする人よりも、
　　　人の話をよく聴いてくれる人

人間関係が良くなります

 人の心がわかると互いに尊重できます

　傾聴ができるとは、「聴く耳」になれるということです。「聴く耳」とは相手の心の声を聴ける耳のことです。

　友達と会話をしていて、「話がかみ合わないなあ」「もうちょっと察してくれればいいのに」と思うことはないでしょうか。それは、お互いに、相手の本当の心の声が聴こえていないから。

　「聴く耳」になると、相手の本当の気持ちや、こうしてほしいという要望がよく理解できるようになります。相手の気持ちを理解しようという態度で聴くことで相手に誠意が伝わり、その人との人間関係が良くなります。自分の意見を押し通すのではなく、人の気持ちをよく聴くことで、あなたの感受性も豊かになるでしょう。また自分ひとりで経験できることはたかが知れていますが、人からいろいろな話を聴くことで得られる情報や知識はあなたの人生を豊かにしてくれるはずです。

　みんなが傾聴の気持ちで「聴く耳」を持てば、お互いがお互いのことに関心を持ち、互いに相手の立場に立って考えたり相手を尊重できるようになるので、部活やクラスなど、その場の人間関係が良くなります。傾聴は温かい人間関係の要なのです。

☑ 相手の気持ちを理解することで、相手を尊重できるように
なる。みんながそうなれば、その場の人間関係が
良くなる。

感情的にならなくなります

冷静でかっこいいと思われるかも

　人と話しているうちに、言い争いになり、カッとして暴言を吐いてしまったり、怒りをあらわにしたことはありますか？　そんなときは、後で「少し言いすぎたな」「人前でカッとして、カッコ悪かったな」と反省したり、自分がいやになったりしますよね。

　そういう言い争いはなぜ起こるのでしょうか。たいていは、自分とは異なる相手の考えを受け入れられなくて反論してしまうことが原因です。

　もしあなたに傾聴のスキルがあったなら、どうなるでしょうか。

　自分とは異なる考え方を無条件に肯定し、相手の言葉に対して反論する代わりに、うなずきやあいづちで答えるでしょう。

　「へえ、そうか、あなたはそう思うんだね」

　「ふうん、なるほどね」

　という感じです。

　こういうやりとりを続けている限り、言い争いは起こらないはずです。感情的になって暴言を吐くこともないでしょう。あとで自己嫌悪に陥ることもないし、周囲からも「冷静でかっこいい人」という印象を持たれるはずです。

私は〇〇するべきだと思う

✗「それは違うよ。私は◇◇だと思う」

◯「なるほど、あなたはそう思うんだね」

> 【解説】いったん、「あなたは〇〇なんだ」と受けとめてひと呼吸おくことで、反論したい気持ちがおさまりますよ。

私は絶対この方法がいいと思う

✗「そんなの無理だよ」

◯「どうしてそれがいいと思うの？…（相手の答えを聴く）なるほど、だからそれがいいと思うんだね」

> 【解説】相手が主張する理由を聴くと、賛成はできなくても納得はでき、怒りの気持ちがしずまるかもしれません。相手も聴いてもらえたことで落ち着くので、そこから「私は別の考えがあるんだけど」と切り出すと相手も聴き入れやすくなります。

いったん、「あなたは〇〇なんだ」と受けとめてひと呼吸おくことで、反論したい気持ちがおさまりますよ。

コーヒーブレイクでひと呼吸

☑「それは違う！」と言う前に、
「どうしてそう思うの？」と聴いてみよう。

自分に自信が持てるようになります

 自信が持てるとがんばる勇気がわいてきます

傾聴をしてもらえると、人は自分に自信を持てるようになります。それはなぜでしょうか。傾聴は相手のことを否定せず、相手に共感し、相手のありのままを理解するコミュニケーションです。傾聴をしてもらえると、人は、「自分のことを認めてもらえた」「ありのままの自分を理解してもらえた」と思えるので、自分の存在や自分の考え方に自信が持てるようになるのです。

自分に自信が持てるようになると、「人にどう思われるだろうか」「きらわれたらどうしよう」といった不安がなくなり、他人の目があまり気にならなくなります。堂々と自分の意見を言えるので、人の意見に振り回されなくなります。これまでは「どうせ失敗する」「人から笑われる」と思ってやらなかったことにも挑戦できるようになります。

「でも、傾聴をしてあげる人はどうなの？　傾聴をした相手だけがいい思いをして、不公平じゃない？」という声が聞こえてきそうですね。でも、傾聴した人自身にもすてきな変化が起こります。

傾聴をして、相手が喜んでくれたということが自分の自信になり、相手を尊重する経験をくり返していくことであなた自身も、自分のことを尊重し、ありのままの自分を認められるようになるのです。

■ 傾聴がうまくできると、自分の中に成功体験が蓄積されていきます。それがあなたの自信につながっていきます。

こんなふうに
自分をほめてあげよう

「自分の意見を押しつけずに
　友達の悩みを聴くことができた」

「相手の話をさえぎらずに聴くことができた」

「相手に反論せずに最後まで聴くことができた」

「自分の意見を押しつけずに
　友達の悩みを聴くことができた」

「けんかにならずにすんだ」

「相手に対して〇〇すべきだ、
　と言わずにいられた」

「自分にうそをつかずにすんだ」

第5章

傾聴をすることがなぜ自分にとっても
良いのか、第6章でも詳しく説明します。

☑ 傾聴して人に喜んでもらえると、自分も幸せになり、
　自信が持てるようになる。

初対面の人とも
話せるようになります

 興味を持って聴くことで話が続いていきます

　傾聴が役立つのは、悩み相談のときだけではありません。傾聴ができれば、初めて会った人やあまり親しくない人と話すときも、気まずくならず、話ができるようになります。

　たとえば人が話しているときに、うなずいたりあいづちをしたりするだけでも、会話が弾むものです。相手が言ったことに対して「へえ、〇〇なんだ」「△△だったんだね」と、ところどころで、相手が言ったことをくり返すことで、興味を持って相手の話を聴いていることが伝わり、相手も話しやすくなります。また、相手が言ったことに対して、気持ちを表した言葉のくり返しをしたり、適度に質問をはさんでいくことで、会話が自然に流れていきます。

　無理に会話をふくらませようとしなくても、その人が言った言葉の中に現れている気持ちを見逃さず、そこに寄りそっていけば、安心して会話ができるようになります（次ページの会話例を参照）。

　「沈黙が気まずいから初対面の人と話すのは苦手」と思っている人も、傾聴を学べば相手の「今は沈黙したい」という気持ちに寄りそうことができるようになります（第5章を参照）。沈黙に対する苦手意識がなくなり、どんな場所でも安心していられるようになります。

【良くない例】

昨日ディズニーランドに行って、すごい楽しかったんだ

〇〇に乗った？　混んでた？　◇◇は食べた？……

【解説】クマさんが気になっていることがらをどんどん聞いている展開。これでもいいのですが、クマさんが聞きたいことを聞き終えたらそこで会話は途絶えてしまうかも。

【良い例】

昨日ディズニーランドに行って、すごい楽しかったんだ

そうなんだ、何が特に楽しかったの？

新しいアトラクションが予想以上に楽しかったんだ

へえ、予想以上に楽しかったんだね。
どのへんが予想以上だったの？

【解説】ことがら（事実）に焦点を当てるのではなく、リスさんの言葉の中にある「楽しかった」という気持ちについて応答をしたり尋ねていくといいですね。

もし相手があまりしゃべらない人でも、あいづちやうなずきをしながら聴いてあげると相手も話しやすくなります。

☑ 相手の言葉の中の「できごと」だけでなく、
「気持ち」に注目して話を進めてみよう！

自分が好きになります

 自分の心も傾聴し自分を認めましょう

　あなたは自分が好きですか？　「はい、好きです!」と自信を持って言える人はそれほど多くないのではないでしょうか。

　実は、私も自分のことがあまり好きではありませんでした。でも、傾聴を始めてから少しずつ、自分を好きだと言えるようになってきました。傾聴で毎日のように、人の気持ちを聴き、無条件に肯定し理解しようとするうちに、自分のことも無条件に肯定できるようになってきたのです。以前の私は、「完璧にできなかった」「もっとうまくできるのではないか」と自分にダメ出しをしてばかりいました。でも傾聴を続けていくうちに、完璧でない自分、うまくできない自分も、「自分なりにけっこうがんばったじゃん」「少しは成長しているじゃん」「ここまででも上出来だよ」と思えるようになってきたのです。

　そのおかげですごく楽になりましたし、人の話を前よりもいっそうよく理解して聴けるようになった気がします。

　傾聴では、「良い・悪い」という評価はしません。がんばった自分は OK。がんばれなかった自分も OK。できてもできなくてもあなたの価値は変わらない。これが、相手を無条件に認めること。傾聴の一番の良いところはそこだと思います。

何かに失敗したとき、自分にどんな声をかけたらいいと思いますか？

【良くない例】

 次もっとがんばれ！

 がんばりが足りなかったな

 やらなきゃよかったのに

 私ってやっぱりダメだな

【良い例】

 10のうち9はできなかったけど、1はちゃんとできた！

 自分なりにがんばったじゃん

 失敗したけれど、やろうとしただけでエライ！

 ダメな部分を直さなくても私は私のままでいい

 ☑ がんばった自分は OK。がんばれなかった自分も OK。

社会に出てからも役立ちます

 上司や同僚、お客様にも好かれます

　いつかはみなさんも、学校を卒業して会社で働くようになります。自営業やフリーランスで働くとしても、取引先やお客さんなど、いろいろな人と関わらなければなりません。学校時代は、年齢もみんな同じだし、住んでいる地域も同じですが、社会に出ると、年齢層も育った環境も、仕事の経験量も異なる人ばかりが集まる中で仕事をするようになります。学生時代のように好きな人とだけ付き合えばいいわけではなく、まったく価値観の異なる人とも付き合わなければなりません。このような環境の中で、どうやって人間関係をつくっていけばいいのか、不安に思う人もいるのではないでしょうか。

　そんなときにも、傾聴ができるとなにかと役立ちます。人の話をよく聴くことで、みんなから好かれ信頼されます。まったく意見の違う人に出会っても傾聴が身についていればうろたえることはありません。「この人はどうしてこういう考え方をするのだろう」「私とは考えが違うんだな」と冷静に対応することができ、対立も起こりにくいでしょう。お客様や取引先の人の要望をよく傾聴できる人は、売上も上がっていくでしょうし、会社での評価も上がっていくはずです。傾聴は、生涯にわたって、あなたの人生を豊かにしてくれるのです。

へえ〜、
あなたは
そういう考え
なんですね

この人は話し
やすくていいな

信頼できそう

ちょっと、どうして
くれるんですか！

クレームをちゃんと
聞いてくれて
すっきりした…

ご期待に沿えず
もうしわけありません

そう思われる
のは当然です

ぼくは…　ぼくは…
私は…　　私は…

いろいろな考えの
人がいるけれど、
共感的理解が
できれば
対立しないぞ…

はい、
そうですか〜

へえー、
なるほど〜

この人は
聞き上手だな

どうせなら
この人と
仕事をしたいな

 ☑ 傾聴は一生役立つコミュニケーションスキル

傾聴ができてよかったこと

傾聴を学ぶ前は、私はとても人づきあいが苦手でした。人とコミュニケーションをするときは、相手の意見を否定したり、反論して言い負かしたり、ひどいときにはけんかになったり、そんな関わりかたしかできませんでした。でも、傾聴を学ぶようになると、自分の考えも、相手の考えもだいじにできるようになり、人の言うことを否定しなくなりました。

知らない人と話すことも苦手でした。話題がなくて気まずい思いをしないためには、どんな話題にも応じられるように物知りになるしかないと思っていました。でも、物知りになるのも限界があります。

ところが傾聴を勉強すると、物知りにならなくても話ができるのだということがわかりました。うなずきやあいづちをしながら相手の話をよく聴いたり、くり返しや伝え返しをすることで、相手が安心して、いろいろな話をしてくれるようになるからです。

相手の言葉の中の気持ちに焦点を当て、共感し会話をすることで、相手から信頼され、人間関係も広がっていきました。

傾聴を学ぶ前の、人とけんかばかりしていた自分とは別人のようです。傾聴を知って、本当によかったなと思っています。

傾聴をするための
心構え

「傾聴」を上手にするために、知って
おきたい心構えを紹介します。

「この人はこうだ」と決めつけない

決めつけは理解のじゃまでしかない

「あの人はいつも〇〇だから、今回も〇〇に違いない」「あの人はこういう環境で育ったから〇〇に違いない」こういった思い込みを無意識のうちにしてしまうものです。でも、あなたが知っているのは相手のほんの一部でしかありません。その一部から「たぶんこうだろう」と決めつけると相手に対して正しい判断ができなくなります。傾聴をしようと思ったら、まずは相手に対する「たぶんこうだろう」という思い込みをなくすことから始めましょう。

　私も似た体験をしているから、似た体験をした人を知っているから、「たぶんこの人も同じように考えるだろう」という思い込みにも気をつけましょう。たとえまったく同じ経験をしても、感じ方は人によって異なります。同じドラマを見てもあなたは感動しても友達はあまり感動しなかった、というのと同じことです。

　「きっと〇〇だ」と決めつけてしまうと、正しい判断ができなくなり、その人の心の奥の悲しみや苦しみに気づくことができなくなります。「きっと」「たぶん」「もしかして」「かもしれない」がつく言葉が出てきたら、それはすべて決めつけだと気づきましょう。思い込みを捨てて相手と向かい合うと、本当の相互理解が始まります。

会 話 例

【良くない例】

血液型、O型なのに几帳面（きちょうめん）ね

 あの人はいつも明るいから、こんなこと気にしないよ

ああ言っていたということは、きっとこういうことじゃない？

 先生が〇〇と言ってたからたぶん〇〇じゃない？

あんなにもりもり食べているんだから、落ち込んでいないよ

 きっと〇〇のことで悩んでいるんだろう

きっと、たぶん、もしかして、かもしれない、の会話はすべて**決めつけ**。

KIME TSUKE

☑ 無意識の決めつけに気をつけよう

☑ 同じできごとでも感じ方は人それぞれ違う

「○○すべき」と押しつけない

 だいじなことは人それぞれ違う

「AもあるしBもある」とやわらかく考えよう

　傾聴をするときは「～するべき」という思い込みをできるだけしないで、Aもあるし、Bもあるというふうに考え方をやわらかくしてみましょう。傾聴は、相手の気持ちを無条件に受けとめ、「良い・悪い」という評価をせずに、共感的に理解しようとすること。もしあなたが、「○○すべき」「普通は○○だ」という考え方にとらわれていると、人の話を聴いても「それはまちがっている」「普通はこうするべきだ」という気持ちがはたらいて、無条件に受けとめることができません。

　でも、そもそもあなたが思っている正解は、本当に正解なのでしょうか。あなたが言う「普通は○○だ」という基準も、単なるあなたの思い込みかもしれません。

　何をだいじにしたいかとか、気になることは人によって違います。あなたがだいじにしたいことが、他人にはまったくだいじではないということはよくあります。それなのに、あなたの考えを押しつけようとすると、相手を苦しめることになったり、相手があなたに反発したりするでしょう。

　だれかの行動やふるまいに対してイライラするときは、なぜイライラするのか考えてみましょう。「私は〇〇すべきだと思っているのに、あの人は〇〇しないからイライラしているんだ。私にとって〇〇はだいじだけどあの人にとってはだいじではないのかもしれない」と気づけたら上出来です。〇〇がだいじというあなたも OK。だいじではないという相手も OK。それが、お互いを尊重するということです。

・・・・・・・・・・・・・・・ **会 話 例** ・・・・・・・・・・・・・・・

場面：友達にノートを貸してあげたが、翌日になっても返してくれない

 なんですぐに返してくれないの？

まだ写してないからちょっと待って

 （イライラして）私だって使うからすぐに返して

すぐに必要ならそう言ってくれればいいのに

 言われなくてもすぐ返すのが普通でしょ！
もうあなたには貸さない！

【解説】ウシさんにとっては「借りたものはすぐ返す」ことがだいじなことのようですね。でも、ブタさんは、もしかしたら「返してと言われるまでは借りていい」と思っているのかもしれません。ウシさんは「ブタさんとはだいじなことが違うんだな」と考えていったん落ち着けば、冷静に話ができたかもしれません。

言い換え例 私も使うから、なるべく早く返してね

 ☑ **〜すべきという思い込みに気をつけよう**

相手の言うことを否定しない

なぜ否定したくなるか考えよう

否定は攻撃

　傾聴は無条件の肯定的関心を相手に向けること。相手を否定しないことは、傾聴の基本中の基本です。否定は言葉による攻撃です。否定されるのはだれだっていやなものです。否定された人は、落ち込んだり、相手とけんかになったり、あるいは「どうせまた否定される」と思うとあまり意見を言わなくなってしまうかもしれません。

あなたもOK、相手もOK

　相手を否定したくなったときは、なぜ否定したくなるのか考えてみましょう。自分が正しくて、相手がまちがっていると思うときは、前項で述べた「〇〇すべき」という思いにとらわれていないかと考えてみましょう。あなたが「〇〇がだいじ」と思っているのと同じように、相手も、「▽△がだいじ」という思いがあるはずです。どちらが良いも悪いもありません。どちらもOKなのです。あなたが自分の思いを大切にしたいのなら、それと同じように相手の思いも大切にしてあげる。それが傾聴の基本的な姿勢です。

りんごは皮をむいてから切るべきだよ

どっちが正しいじゃなくて、どっちもありだと考えよう。

× 「違うよ！
　　切ってから皮をむくほうが楽だよ！」

○ 「あなたはそうなんだね。
　　私は切ってから皮をむく派だよ」

同感軸ではなく共感軸で

　相手が「私はこう思う」と言うことに対して、賛成できないときは、P.18の、同感と共感を思い出してください。ものごとを同感軸で見ようとすると、同感できないときに反論したくなったり、相手を否定したくなります。そうではなくて共感軸で見れば、「あなたはそう思うんだ、なるほどね」と、相手の気持ちを自分の気持ちと切り離して聴くことができます。相手の気持ちは相手のものなので、こちらがどうこうできるものではないですよね。そう考えれば、相手を否定する気持ちもなくなるのではないでしょうか。

- ☑ 否定されてうれしい人はいない
- ☑ 自分のだいじなものを認めるのと同じように
　　相手のだいじなものも認めよう
- ☑ 相手の気持ちは自分の気持ちと切り離して考える

良いアドバイスをしようと思わない

寄りそってつらい思いを聴いてあげることがだいじ

アドバイスがひびかないのはまず聴いてほしいとき

友達から悩みを打ち明けられ、心配してアドバイスをしたのに、素直に受け入れてもらえなかったという経験はありませんか？　良かれと思ってアドバイスをしたのに、これではあなたもいやな気持ちになりますよね。ではどうしたらいいのでしょうか。

自分のこれまでの経験を振り返ってみてください。人からアドバイスをしてもらって「助かった」と思ったこともあるかもしれませんが、「今欲しいのはアドバイスじゃないんだけどな。ただ聴いてほしいだけなんだけどな」と思ったこともあるのではないでしょうか。

人が悩んでいるときに必要なのは、解決してくれる人ではなく、解決できない苦しみを理解し寄りそってくれる人なのです。まずは「何に困っているの？」「どんなふうにつらいの？」とただ聴いてあげることがだいじです。十分に聴いてもらえればそれだけで安心できたり、自分で解決策を思いついたりするものです。あるいは、言葉をかけなくてもそばにいてあげるだけで相手は心強く思ったり、安心したりするかもしれません。

人によって有効なアドバイスは異なる

あなたのアドバイスは、ある人には当てはまっても、必ずしもすべての人に当てはまるとは限りません。「人によってしっくりくる解決法は違う」ということを知っておきましょう。また、しっくりこないアドバイスは、「アドバイスどおりにできない自分はダメだ」と、相手を苦しめてしまうこともあります。「アドバイスがほしい」と言われた場合以外は、ただ聴いてあげるだけのほうが、よっぽど相手の支えになるのです。

■ 悩んでいる人にかける言葉として適切なものはどれ？

✕「そんなの気にしないほうがいいよ」

✕「私だったら〇〇するけどな」

✕「〇〇したほうがいいんじゃない？」

✕「悩んでないでやってみたら？」

〇「〇〇で悩んでいるんだね」

〇「そこがどうしても気になるんだね」

これらはすべて、一見励ましのようで、悩んでいる人に対するダメ出しだね。

まずは悩んでいることそのものを認めてあげよう。

☑ **アドバイスをしていいのは相手から求められたときだけ**

元気づけようとしすぎない

 落ち込んでいるあなたでも OK

悲しみでいっぱいの心のバケツにすきまをつくろう

　落ち込んでいる人がいたら、「くよくよしないで」「元気出して」と言いたくなりますよね。でも、本当に落ち込んでいるときは、人からの励ましは耳に入らないものです。つらい気持ちでいっぱいの人は、励ましがほしいのではなくつらい思いを全部吐き出したいのです。

　あなたの胸のあたりに、大きなバケツがあると思ってください。それは心のバケツです。つらくて落ち込んでいる人は、心のバケツがネガティブな思いでいっぱいになっています。そこにいくら「元気出して」と声をかけても、その言葉は心のバケツに入っていかないのです。

　そんなときに役立つのが傾聴です。批判や評価をせず、アドバイスもせず、ただ相手のつらい気持ちやいやな思いをひたすら言葉にするのを聴いてあげます。バケツの中にいっぱいになっている気持ちを外に出してあげるのです。そうすることで心のバケツにすきまができ、ようやく人からの励ましが受け入れられる体勢になります。

無理に励ますのは落ち込んでいる人へのダメ出しと同じ

心のバケツがいっぱいのときに励ますのがよくない理由はもうひとつあります。それは、励ませば励ますほど、相手は「落ち込んでいる自分はダメなんだ」という気がしてくるからです。励ましがその人へのダメ出しになってしまうというわけです。

落ち込んでいる人を無理に元気づけようとすることは、「落ち込んでいるのはよくない」「元気でないあなたはきらいです」という否定のメッセージを相手に送っているのと同じこと。

悲しみやつらさから引っ張り出そうとするのではなく、「つらいんだね。元気になれないあなたでも大丈夫。いつでも話を聴くよ」という姿勢で、ただそばに寄りそうのが傾聴です。

声がけの例 【良い例】「話したくなったら声かけてね」
○　　　　「それは気になるよね」
　　　　　「忘れられたらいいけど忘れられないよね」
　　　　　「つらい体験だったね」

【良くない例】「元気出して」
✕　　　　　「気にしないほうがいいよ」
　　　　　　「早く忘れたら」
　　　　　　「相手が悪いんだよ」

☑ アドバイスの前に、傾聴でいやなことを吐き出させ、
　 心のバケツのすきまをつくる

あなたの意見を述べない

かえって相手を傷つけることも

＃ あなたの意見が他人にも当てはまるとは限らない

　人から悩みを相談されて、「私だったらこうする」と自分の考えを述べたり、「私も似たようなことがあった」「他にも似た経験をした人を知っている」など、相手の話を聴かずに自分の話をしてしまうことはありませんか？　悩んでいる相手とあなたは別の人間です。考え方も違えば悩みに対する対処法も異なるはずです。相手の話を十分に聴かないうちに、「こうしたほうがいい」とあなたの意見を述べても相手にひびくとは限りません。むしろあなたの考えを押しつけることになり、相手を苦しめることになるかもしれません。

　他人の体験談が役立つこともありますが、まずは相手の悩みを全部吐き出してもらうことがだいじです。P.52で心のバケツの話をしましたが、心のバケツが悩みでいっぱいのときは、人の意見やアドバイスは耳に入らないからです。

　ただ、気をつけたいのは、相手が聴いてほしいわけでもないのにあれこれ聞き出そうとしないこと。いつ、何を言うかを決めるのは、あなたではなくその人自身です。言いたくなったらいつでも聴くよと

いう姿勢で寄りそうことです。

意見を述べるのは、意見を求められたときだけ

　もし相手から「あなたならどうする?」と聞かれた場合も、待ってましたとばかり自分の意見を言うのではなく、「なぜ、私の意見を聞きたくなったの?」と、相手の気持ちに関心を持って聴いてみましょう。「私ならこうする」と答える場合は、言いっぱなしではなく必ず「それについてあなたはどう感じる?」と相手の気持ちを聴いてみましょう。「それは私にはぴんとこない」とか「ぴったりくる気がする」とか、会話をくり返しながら相手の気持ちに近づいていく。そのやりとりを通じて、相手もあなたが「関心を持って聴いてくれている」と実感することができるでしょう。

☑ あなたにとって良い答えが、
　他人にとっても良いとは限らない

☑ 何を言うかは相手が決める

☑ 意見は求められたときだけ言う

根ほり葉ほり聞かない

 聞きたいことより相手が言いたいことを聴く

　知らない相手と話をするとき、相手のことを知るために、ついあれこれ聞きたくなるものです。「出身校は?」「家族は何人?」「親の仕事は何?」……。でも、聞かれている相手は、なんだか問いつめられているような気持ちになってしまいます。

　個人的興味に引っ張られてあれこれ聞くのは相手に失礼でもありますし、本題からどんどん離れてしまう恐れもあります。

　傾聴は、あなたが知りたいことを根ほり葉ほり聞くのではなく、相手が言いたいことを聴くのが本来の姿です。

　人は、ことがらをいくら聞かれても「理解されている」とは感じません。ことがらについてどう思っているか、どう感じているかを聴いてもらえると、「気持ちをわかってもらえた」と感じるものです。出身校のことや家族のことも、まったく聞いてはいけないというわけではありませんが、せっかく聞くのであれば、ことがら（事実）だけに関心を持つのではなく、そのことがらにまつわる気持ちを聴きましょう。「出身校」であれば、出身校を聞くだけでなく、「学校は好きだった?」「どういうところが?」「楽しかったのはどんなこと?」というように話を深めていくと、その人がどんなことを好きなのか、ど

んなことに感動するのか、より理解ができるでしょう。

会話例

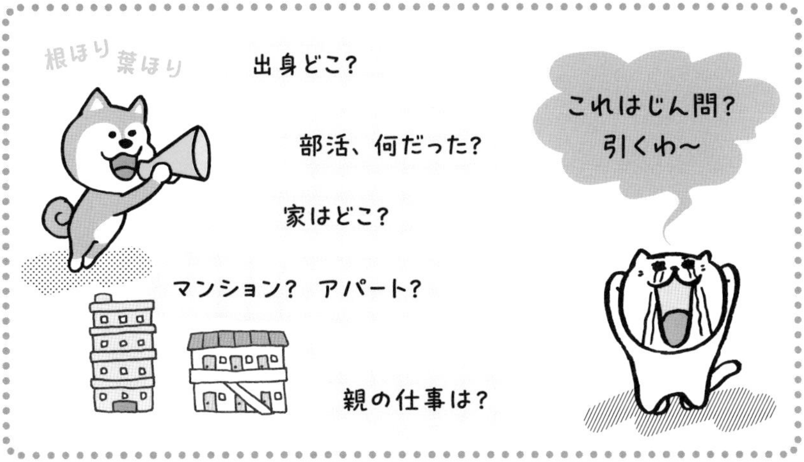

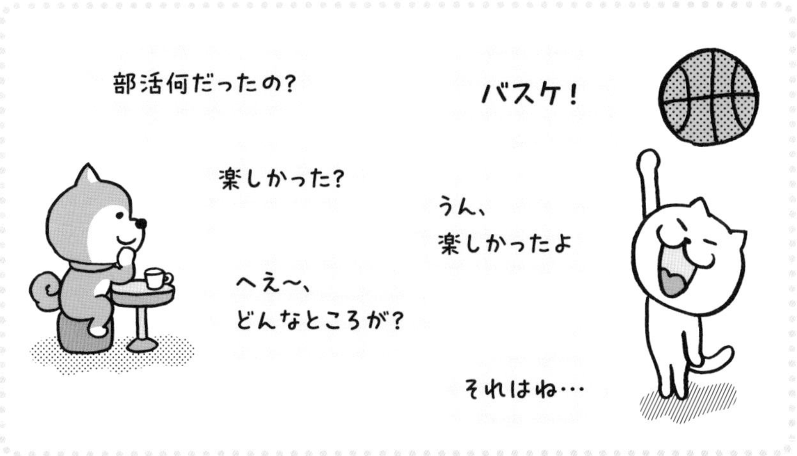

- ☑ **ことがらをいくら聞いても理解は深まらない**
- ☑ **ことがらよりも気持ちを聴く**

話をとちゅうでさえぎらない

会話どろぼうになっていませんか？

　あなたが気持ちよく話しているときに、「あ、それ私も知ってる」「それって〇〇のことだよね」のように、話に割り込んでこられると、いやな気持がしませんか？　こんなふうに人の話をとちゅうから横取りする人のことを私は「会話どろぼう」とよんでいます。会話どろぼうをする人は好かれません。会話どろぼうが良くないのは、気持ちよく話している人のじゃまをするだけでなく、話したいという相手の気持ちを無視することになるからです。

　傾聴では、人が話しているときにとちゅうでさえぎることはしません。そういうことをしたら、相手と信頼関係をつくることはできません。

　人はだれでも自分の話を聴いてもらいたいものです。「ちゃんとさえぎらずに聴いてくれる」人は好かれ信頼されます。

　もしあなたが、だれかの話に割り込みたくなったら、ちょっとひと呼吸おいて「私はなぜ割り込みたくなったのだろう」と考えてみてください。「私のほうが知っている」と知識をひけらかしたいのか、「この人の話よりも自分のほうがおもしろい、価値がある」と感じているからなのか。自分の気持ちに気づくことがだいじです。

　自分の心の声を聴いているうちに、「割り込みたい！」という気持

ちもおさまるでしょう。

　だれでも「自分のほうが知っている」と知識をひけらかしたくなったり、「自分はすごいんだ」と人に認めてもらいたい気持ちは持っているものです。それは悪いことではありません。ですが、傾聴の目的は相手の話を聞いて相手を理解することです。あなたが話をしても、相手の理解にはつながりません。

■ 会話どろぼうに気をつけよう

私の場合は…

私もこの前こんなことがあったんだけど…

私が知っている情報では…

話のとちゅうなのに…

■ 会話どろぼうをしたくなるのは…

- 知識をひけらかしたい
- 自分のほうがすごいと思わせたい
- 注目をあびたい

こんな気持ちがないかな？

気づくことがだいじだよ

☑ **会話どろぼうは相手を無視するのと同じ**

☑ **話をとちゅうでさえぎる人は好かれない**

傾聴スイッチ

　傾聴は、人と信頼関係をつくるためにとてもよいコミュニケーション方法ですが、私もいつも傾聴をしているわけではありません。普段のテンポの速い会話で、いちいち「くり返し」や「伝え返し」をしていたらまどろっこしくて仕方がないですよね。

　もし、私の子どもが部屋を散らかしていたら、傾聴モードなら「今は片づけたくない気持ちなんだね」と言うかもしれませんが、普通は「今すぐ片づけなさい」と言うでしょう。

　だいじなことは、オン、オフの切り替えをできるかどうかです。

　「今、この人は悩んでいるようだな、話を聴いてほしいのかもしれないな」「寄りそってあげたほうがいいかもしれないな」と思うときは、傾聴モードをオンにする。そうではないときはオフにする。

　オフのときは、あなたも自由に意見を言ったらいいし、時には言い合いをしてもいい。それもコミュニケーションのひとつなのですから。

　でも、傾聴モードをオンにしたときは、相手を否定せず、あなたの意見は言わず、ひたすら聴いてあげればいいのです。

　両方をうまく使い分けられるようになると、人間関係がとても楽になりますよ。

傾聴するための
技術を学ぼう

いよいよ「傾聴」の具体的なテクニックを学びます。できることから試してみましょう。

うなずき・あいづち

傾聴の基本的でだいじなテクニック

うなずき・あいづちがあると話しやすくなる

　うなずきやあいづちには、相手が「話を聴いてもらっている」と感じ、安心して話せるようになるという効果があります。たとえば、あなたが人と話をするときに、相手が、うなずいてくれたり、「へえ～」「そうなんだ」とあいづちを入れてくれたりすると、「話しやすいな」と感じませんか？　試しに、うなずきやあいづちをいっさいしないで話を聞いてもらってみてください。「ちゃんと聴いてくれているのかな」と不安になり、とても話しづらい気持ちがするものです。

相手を観察し相手のトーンやリズムに合わせる

　うなずきやあいづちくらい簡単にできる、と思うかもしれませんが、傾聴のテクニックとして使いこなすにはコツがあります。それは相手とペースを合わせること。相手の声のトーン、しゃべる速さ、声の強さ、高さ、声色などをよく観察して、それに合わせるようにあいづちを入れたり、うなずいたりするのです。たとえば、相手が楽しそうに話しているときは明るい声でテンポ良く、相手が悲しそうなときに

は、低い声でしんみりと。そうすることで相手は話しやすくなりますし、「しっかり聴いてもらえた」と満足感を得ることができます。

　あいづちの言葉は「はい、はい」「へえ～」「なるほど」何でもかまいません。だいじなことは、相手といっしょに「ふたりのペース」をつくること。音楽に合わせていっしょに身体を揺らす感じです。おおげさすぎるあいづちは相手も違和感を覚えるので気をつけましょう。

　傾聴に慣れて、うなずきやあいづちのテクニックがうまく使えるようになると、「とにかくうなずき・あいづちで聴けばいいんでしょ」と軽く考えてしまいがちですが、口先だけで「うん、うん」「へーそうなんだ」とあいづちを打っても相手にはわかってしまうものです。あなたのことを理解したい、あなたの気持ちに寄りそいたい、という傾聴の基本を忘れてはいけません。

うなずきの例

へえ～そうなんだ

なるほどね

それで？

うん、うん

わかる、わかる

☑ 傾聴の基本はうなずき、あいずち

☑ うわべだけではダメ

だいじなことをくり返す

「聴いてくれている」と安心して話しやすくなる

まず単純な「くり返し」からやってみよう

「くり返し」も、傾聴のだいじなテクニックのひとつです。自分の言ったことを相手がくり返してくれることで、「ちゃんと聴いてくれている」と感じて、より話しやすくなるのです。くり返しの一番簡単なパターンは、相手が言ったことをそのままくり返すことです。相手が言ったことをそのまま言えばいいから簡単ですね。たとえばこんな感じです。

　　Aさん「昨日、カラオケに行ったら先生に見つかって大変だった」
　　Bさん「えっ、先生に見つかったの？　大変だったね」
　　Aさん「うん、すごく叱られて凹んでる」
　　Bさん「そう、凹んでるんだ」

くり返すのは事実ではなく気持ち

気をつけたいのは、くり返すのは「事実」ではなく「気持ち」だということ。気持ちをくり返すことで、「あなたの気持ちを受けとめているよ」という意思表示になります。

　もし「へえ、カラオケに行ったんだ」とくり返したら、それは気持ちではなく事実のくり返しです。普通（ふつう）の会話なら「へえ、カラオケに行ったんだ、だれと行ったの？」「どこのお店？」「何を歌ったの？」と、話が続いていくのかもしれませんが、事実を聞き出すばかりで、いつまでたってもＡさんの気持ちに近づくことができません。

　問題はカラオケに行ったことではなく、「先生に見つかって大変だった」「凹んでいる」という気持ちのほうです。Ａさんは、親に報告されて叱られるかも、内申書に悪い評価がつくかもなどの不安があるかもしれません。そこを聴いてあげるのが傾聴です。

　「凹んでいるんだ」と気持ちをくり返し、「何か心配なことがあるの？」と気持ちを理解するための質問をしていきます。

■ 次の言葉のうち、気持ちを表しているのはどこですか？

「英語の宿題が全然わからなくて、今日の授業はゆううつだ」

「ゆううつ」というところが気持ちを表しているね。

「すごく勉強したのに、理科のテストの結果がさんざんだった」

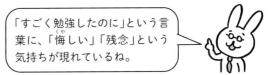

「すごく勉強したのに」という言葉に、「悔（くや）しい」「残念」という気持ちが現れているね。

☑ 相手の言葉をそのままくり返す

☑ 事実と気持ちを見分けて、気持ちをくり返す

もやもやをすっきりする伝え返し

わかりやすい言葉にして返す

相手の気持ちを知るために確認する

「くり返し」には、「相手の言葉をそのままくり返す」方法のほかに「相手の言いたいことを理解して伝え返す」方法もあります。

悩(なや)んでいるときに「私はこういうことについて、このように悩んでいる」と、わかりやすく言葉にできればいいのですが、自分でも何が問題なのか、なぜ悩んでいるのかわからず、もやもやしていることって案外多いものです。そんなもやもやした悩みをそのまま受けとめて、「それって、〇〇が△△ということかな」と、伝え返してあげることで、相手は「そうそう、そういうことなのよ!」とすっきりしたり、「ああ、わかってもらえた」と安心したりします。また、理解がまちがっていたら「違(ちが)う」と言うこともできます。

伝え返しは、相手の悩みを"言い当てる"ことではありません。「相手の本当の気持ちを知るために確認をする」のが本来の目的です。「〇〇ということ?」と尋(たず)ねて、まちがっていてもいいし、相手も「そうじゃなくて…」と言っていいのです。

＃ 決めつけない、短い言葉で伝え返す

　気をつけなければならないのは、「こういうことだよね」と決めつけてしまうこと。「もしかしてこうなのかな？」と、あくまでも理解を確認するつもりで尋ねることです。「こうだよね」と決めつけられたら、相手は「そうじゃないんだけどな」と不満に思ったり、「この人には言ってもむだだ」と思い、それ以上話してくれないかもしれません。

　また、伝え返しは、相手の話をよく聴（き）いて、だいじだなと思うところだけを抜き出して「○○ということなんだね」と短い言葉で返しましょう。そのほうが問題がクリアになりますし、解釈（かいしゃく）がまちがっている場合も「そこじゃないんだよね」とわかりやすいからです。

シバくんの発言を伝え返しをするとしたら？

部活で帰りが遅くなって宿題をしないまま寝てしまったら親に叱（しか）られてすごくいやだった。いつもはちゃんとやっていて、その日だけ忘れたのに思いっきり叱られてむかつく

たまたま1回宿題をしなかっただけですごく叱られたのがむかつくんだね

だいじなところを整理して伝え返すと問題がわかりやすくなるね。

☑ **伝え返しは相手の気持ちを" 言い当てる "のでも**
　　" 決めつける "のでもなく" 確認する "こと

相手の立場になって考える

「自分が相手の立場なら」と考えることではない

「あの人だったらこうするだろう」と考える

　簡単そうに見えて意外にむずかしいのが、「相手の立場になって考える」ことです。「相手の立場になって考える」とは、「自分が相手の立場だったらどうするかな」と考えることではありません。なぜなら、人はそれぞれ考え方や感じ方が違（ちが）うからです。傾聴（けいちょう）でいう「相手の立場になって考える」とは、「あなたのような考え方、価値観だったなら、きっとこうするだろう」と考えることです。

　たとえばあなたは、先生に叱（しか）られても「別に大したことない」と感じる人だとします。一方、友達のAさんは先生に叱られることがとても怖くて不安に感じる人だとします。Aさんが先生に叱られて落ち込んでいるときに、どういうふうに声をかけるのが良いと思いますか？　叱られたのがあなたなら「そんなこと気にしなくていいよ」ですむかもしれませんが、Aさんの考え方や感じ方になって考えたらどうでしょうか。「先生に叱られた」という事実だけでなく、「Aさんは先生に叱られるのを怖（こわ）がっているんだ」ということもふくめて、「Aさんは先生がもともと苦手だから、叱られてさぞかし不安だろうな、

こんなとき、どんな言葉をかけたらいいかな」と考えると、答えはおのずとわかるのではないでしょうか。

　相手の立場に立つためには、「あなたはどう思うの?」「それについてどう感じるの?」と傾聴をしながら相手のことをよく理解することは言うまでもありません。

相手を尊重して自分も尊重する

　相手の立場になるからといって、自分の考えや価値観を押さえつけてまで相手を理解しなさい、ということではありません。あなたは「先生に叱られても平気」と思っている。それはそれでOK。だけど、違う考えの人、感じ方の人もいる。それもOK。相手を尊重し、自分も尊重することも傾聴のだいじな考え方なのです。

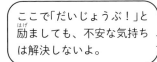
宿題の提出が遅れて先生にすごく叱られちゃった。これで3度目だからまずいかも

叱られてつらいよね。どういうことがまずいと思うの?

ここで「だいじょうぶ!」と励ましても、不安な気持ちは解決しないよ。

- ☑ 「自分が〇〇さんだったら」ではなく「〇〇さんならこうだろう」と考える
- ☑ 相手の考えを尊重し、自分の考えも尊重していい

事実ではなく気持ちに注目する

寄りそうべきは事実ではなく気持ち

気持ちは事実よりも見落としがち

　普通（ふ つう）の会話では、できごとや事実にばかり気をとられがちですが、傾聴（けいちょう）では、会話に現れている気持ちのほうに注目しながら話します。

　会話をよく聴（き）いていると、事実と気持ちはセットになっていることが多いのですが、事実だけ聞いて気持ちのほうはスルーされがちです。もし何か悩（なや）みや困りごとがある場合、フォーカスすべきは事実ではなく、気持ちのほうです。

　たとえば友達が、「だいじにしていたストラップを落としてしまった」と悲しそうに言ったとします。「ストラップを落とした」ということは事実ですが、「だいじにしていた」という言葉には、「残念だ」「悲しい」という気持ちが現れています。

　事実だけに注目して、「また買えばいいじゃん」とか「交番に行ってみたら」と助言をしても、「だいじなものを落として悲しい」という気持ちの解決にはなりませんし、「気持ちをわかってもらえなかった」と相手は思うでしょう。「だいじなものだったんだね、残念だね」と気持ちを受けとめたうえで、「どうしたらいいと思う？　交番に行っ

てみようか」と聴いてあげられれば、友達の悲しみも軽くなります。

♯ 気持ちを表す言葉に注目しよう

　相手の気持ちを知るにはどうしたらいいのでしょうか。実は相手の言葉を注意して聴いていると、気持ちを知る手がかりは案外あるものです。「うれしい」「悲しい」「楽しい」「つらい」といった言葉ならそれだけで気持ちがわかりますね。それ以外にも、「すごく」「あまり」「絶対」「たぶん」「やっぱり」「やっと」「どうせ」などの言葉が手がかりになります。「～だけど…」「～だし…」といった語尾にも、本音が現れている可能性があります。「だけど、どうしたの?」「○○だし、どうだったの?」と聴いてあげるといいでしょう。

気持ちを表す言葉

形容詞はわかりやすいね。

こういう言葉も手がかりになるよ。

つらい	うれしい
悲しい	悔しい
楽しい	おかしい

すごく	あまり
絶対	やっと
やっぱり	どうせ
～だけど…	～だし…

☑ 事実と気持ちはセットになっている

☑ 気持ちが現れている言葉を見のがさない

話しやすくなる質問をする

閉じた質問、開いた質問

開いた質問で話を深める

　質問には、「はい・いいえ」で答えられる質問（閉じた質問）と、相手が自由に答えられる質問（開いた質問）があります。傾聴で、相手になるべくたくさん話してもらいたいときは、開いた質問をよく使います。開いた質問とは、「どのように？」「何が？」で始まる質問です。たとえば

　「どのように感じているんですか？」

　「それについてどう思いますか？」

　「どこが気になりますか？」

などがよく使われる質問です。閉じた質問では、「はい」「いいえ」で終わってしまいますが、開いた質問ならどう答えようと自由なので相手が答えやすく、質問をくり返すことで話が深まっていきます。

　私はさらに、ひと通り会話が終わってから「ほかにある？」と聞くことがよくあります。何を言ってもいい質問なので、相手は答えやすくなりますし、案外そこから、だいじな話が出てくることも多いです。簡単なテクニックなので覚えておくといいでしょう。「ある」と相手が

答えたら、「それはなあに？」と続けます。「もうほかには何もない」と言われるまで聴けるといいですね。

　「なぜ？」と聞くのも、開いた質問のひとつですが、聞き方によっては相手を非難したり問い詰めたりするように受けとめられることがあります。たとえば「なぜそんなことをしたの？」と言われると責められているような気になりますよね。そんなときは、「何がそうさせたの？」のように言い換えると少し柔らかい印象になります。

＃ 確認する時は閉じた質問

　閉じた質問をあえて使うこともあります。それは、相手が言ったことに対し「〇〇だと思ったんですね？」や、「それは昨日のことだったんですね」などのように事実を確認するときです。それぞれの質問の特徴を知ったうえで、使い分けるといいでしょう。

「なぜ」の言い換え

✕「なぜそう思うの？」
◯「何がそう思わせるの？」

✕「なぜそんなことをしたの？」
◯「どう思ってそうしたの？」

✕「なんでやらないの？」
◯「どこにやりづらさを感じているの？」

> 「なぜ」を使うと相手は問い詰められているように感じることがあります。言い換えのパターンを知っておこう。

- ☑ **質問には閉じた質問と開いた質問がある**

- ☑ **傾聴では開いた質問で話を深める**

- ☑ **「なぜ？」を使うときは気をつける**

相手の本当の気持ちに気づく

 気持ちは言葉ににじみ出ている

相手の言葉をよく観察しよう

　たとえば、「こんなこと相談したらおかしいよね」と相手が言った場合、あなたならどう答えますか?

　「そんなことないよ!　だいじょうぶ。何でも言って」

　こう言ってくれると話しやすくなる人もいるかもしれません。でも、もうちょっと相手の言葉をよく観察してみてください。「おかしいよね」とわざわざ尋ねるのは、「相談したい」という気持ちと「こんなことを相談してもいいんだろうか、相手に笑われたり非難されたりしないだろうか」という不安がかくれているのかもしれません。

　まずは「相談したいけど、相談していいのかどうか不安に思っているんだね」と、相手の不安な気持ちを受けとめてあげましょう。そうすれば相手も気持ちが少し軽くなるでしょう。その上で、「私は聴けるから話したかったら話してもらってもいいよ」と答え、話すかどうかを相手に選んでもらうのです。

　つらいとか、悲しいとか言わなくても、相手の言葉の中に気持ちが現れているものです。それを見つけて寄りそうことが傾聴です。

こんなこと相談したらおかしいって思うよね

✕「そんなことないよ、何でも言って」

◯「相談したいけど、相談していいか不安なんだね。
　私は聴けるから話したかったら言っていいよ」

【解説】「そんなことないよ」は一見優しいようで、「おかし
いと思われるかも」という気持ちを否定していることになる。
「何でも言っていいよ」という言葉も、話す勇気がない人に
はプレッシャーになるかもしれないよ。

私は文系の大学に進学したいのに、
親は理系でないとダメだと言う。
親には私のやりたいことをいつも否定される。
どうしたら親に私の気持ちが伝わるかな

✕「親に手紙を書いて本音を伝えたら？」

◯「親に、自分のやりたいことを理解して
　もらえなくてつらいんだね」

【解説】ネコさんが本当に言いたいのは、「どうしたら親に
気持ちが伝わるか」ではなく、やりたいことを認められない
つらさのほうだよね。

☑ 言葉にできない気持ちがかくれていることに気づき、
　その気持ちに寄りそう

「でも」「だけど」をやめる

否定するつもりはなくても「否定された」と伝わる

「でも」「だけど」を取るだけで否定的な印象がなくなる

　傾聴_{けいちょう}は、相手を無条件に尊重し共感し理解しようとするコミュニケーション方法です。ですから傾聴をするときは、相手の言うことを否定しません。「あなたはまちがっている」、「その考え方はおかしい」、「そんなはずはない」などは、はっきりした否定の言葉であり、相手への攻撃_{こうげき}にもなるものです。こんなふうに言われたら、相手はあなたに安心して話すことはできませんし、傷ついたりあなたに敵意を持つかもしれません。

　あからさまな否定の言葉でなくても、相手が「否定された」と感じる言葉があります。それは、「でも」「だけど」という逆接の接続詞です。これらの接続詞のあとにくる言葉は、たいていは反論だからです。たとえば次の会話を見てください。

　Aさん「私は〇〇したほうがいいと思っている」

　Bさん「あなたは〇〇したほうがいいと思っているんだね、でも、私は△△だと思うんだ」

　Bさんは、Aさんのことを否定しているわけではなく、Aさんに反

論しているわけでもありません。ただ、自分は違う考えだということを言っているだけですが、「でも」と逆接の接続詞があるために、Aさんは「否定される（された）」と感じる可能性があります。

Bさんの発言から「でも」を取るとどうなるでしょうか。

「あなたは〇〇したほうがいいと思っているんだね。私は△△だと思うんだ」

この言い方であれば、単に別の意見を並列して述べているだけで、否定的な感じはしません。

会話のときに、「でも」「だけど」をまったく使うなということではありません。ただ、少なくとも人の発言のあとに何か言うときは、「でも」「だけど」を頭につけないほうがいいでしょう。そうすれば相手を否定する印象はなくなり、会話の印象が大きく変わるはずです。

昨日の体育祭、楽しかったね

✕ でも、疲れちゃったね

〇 楽しかったね〜、疲れちゃったけどね

頭に「でも」をつけないだけで、印象が全然ちがうね。

☑ 「でも」「だけど」は反論の合図

☑ 自分の意見を言うときは、反論ではなく並列で

技術に頼りすぎない

 いつでも聴（き）くよという気持ちでそこにいる

形だけの傾聴（けいちょう）になっていませんか?

　いろいろと傾聴のテクニックを述べてきましたが、実際に学んだテクニックを利用して人の話を聴いてみると、喜ばれたり、うまく話が聴けたことで自分もすっきりするという経験をあなたもするはずです。そして、一度うまくいくとまた傾聴をしたみたいと思うようになるでしょう。

　傾聴って、普通の会話のときの聞き方とはだいぶ違（ちが）うので、慣れるまでは時間がかかりますし、簡単にはできません。だからまず、うなずきとかあいづちとか、わかりやすい形からやってみるのは良いと思います。

　でも、気をつけてほしいのは、「傾聴って、とにかく相手の話をさえぎらず、否定せず、うなずいたりあいづちを打ちながら聴いたらいいんだよね」と形のみの実践（じっせん）になってしまうことです。

　確かにうなずきやあいづちといったテクニックを使えば、それだけでも相手がたくさん話してくれるようになり、人から信頼（しんらい）されたりあまり親しくなかった人ともうまく話せるようになります。だからといっ

て、「相手の気持ちに寄りそい、共感的に理解する」という傾聴の本質を忘れ、テクニックのみに頼るようにはならないでほしいのです。

人の話を聴くときに一番だいじな姿勢は、相手の気持ちを感じようとしながらただ存在すること。傾聴を最初に広めたロジャーズさんはこれを「プレゼンス」と言っています。

テクニックもだいじですが、「いつでも聴くよ。理解しようとしているよ」という姿勢でそこにいることそのものが、支援になるのです。

☑ **傾聴は簡単にはできない**

☑ **テクニックはだいじだが頼りすぎない**

☑ **ただ存在することが一番の支援**

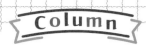

簡単そうでむずかしい「うなずき」「あいづち」

　傾聴には、「うなずき」「あいづち」「くり返し」「伝え返し」といったスキルがあります。中でも、うなずき、あいづちは簡単で、相手が話しやすくなるというわかりやすい効果もあるので取り組みやすいでしょう。

　ところが私は、傾聴を習い始めのころ、自然なうなずきやあいづちができなくてとても苦労しました。私の先生のあいづちは、すごく自然で人の心にひびいて聞こえるのに、私のあいづちは、無味乾燥で自分でもとってつけたような違和感がありました。

　なんとか上手になりたくて、先生のうなずき、あいづちを徹底的に観察してメモをとり、まねをしていたこともありますが、全然上手になりませんでした。半年くらいまじめに練習をし続けてもダメだったのであきらめて、ほかのテクニックに集中して練習をするようになった矢先に、先生に「岩崎さん、あいづちが上手になったわね」と言われました。なぜだかは自分でもわかりませんが、おそらく、「ちゃんとやらなければ」という緊張感がぬけて、自然体になったことが良かったのかもしれません。

　うなずきやあいづちでだいじなことは、相手の気持ちに寄りそうことです。相手がうれしそうならこちらもうれしそうに、相手が沈んでいるときはこちらも沈んだ感じで。「ちゃんとやらなきゃ」とかまえなくても、相手といっしょにダンスを踊るような気持ちで自然体でいれば、その場にあった良いあいづちやうなずきができるでしょう。

こんなときどうする？

「傾聴」をやり始めると、いろいろな疑問や
むずかしさにぶつかります。そんなときに
どうすればいいかを紹介します。

相手が黙ってしまったら

沈黙はあなたのせいではない

＃ 沈黙したい気持ちをだいじにしよう

　傾聴は、相手のことを無条件に受けとめること。相手の言うことを否定しないこともそうですが、相手が黙っているときは、その状態をもありのままに受け入れるのも傾聴です。相手が黙っているときにあれこれ聞こうとしないで、「無理に話さなくていいよ」と言って、話したくない気持ちに寄りそいましょう。こうすると相手は安心してそこにいられるようになります。沈黙は、その人自身の心の中で、考えや思いを整理している時間かもしれませんから、それをだいじにしてあげましょう。あなたが先走ってしゃべってしまうと、せっかくまとまりかけていた考えが止まってしまうかもしれません。

　私は「沈黙恐怖症」と名付けていますが、沈黙が怖いという人もいます。こういう人は、「私のせいで沈黙になっているのかも。私がなんとかしなければ」と責任を感じてしまうのだと思います。でも、沈黙って会話の場にいるふたりでつくるものだから、あなたひとりに責任があるわけではありません。まずそれを知っておきましょう。

沈黙が気まずい時は数を数えよう

沈黙になると気まずくてそわそわしてしまう人は、自意識過剰の状態になっています。この状態から楽になるテクニックがあります。それは、自分の中でゆっくり1、2、3…と5つ数えるのです。10でもかまいません。数を数えることに意識を向けることで、「自分がなんとかしなければ!」という気持ちから解放され心が楽になります。その間に、相手が話し出してくれるかもしれません。

最初は慣れないかもしれませんが、「沈黙になってもただ寄りそう」「沈黙がしんどくなったら数を数える」ということを続けてください。そして、相手が話し出してくれて、「沈黙を破らずに待ってよかった」ということを何度か経験すれば、そのうち沈黙が怖くなくなるでしょう。

破ってもいい沈黙

目と目を見合って"お見合い"状態になっているとき

言いたいことがあってタイミングを探っているような場合にこうなりがち。そんなときは、「何か言いたいことがあるの?」と聞いてあげるといいよ。

破ってはいけない沈黙

相手が目を合わせようとせず、上を向いたり下を向いたりしているとき

言いたくないか、言いたいことを頭の中でまとめている可能性が高いよ。むりにしゃべらせようとせず、ただ寄りそおう。

☑ 沈黙になってもあなたが責任を負うことではない

☑ 「話したくない気持ち」を否定せず寄りそう

どうしても相手に 賛成できないときは?

自分の考えは別として、 相手はこうなんだと理解する

自分の意見と相手の意見を分けて考える

たとえば、あなたの友達のAさんのことを、Bさんが「大きらいだ」と言ったとします。あなたは、むっとしてBさんに反論したり、Aさんの良い面を言ってAさんをかばいたくなるかもしれません。本音でぶつかって、けんかしたり反論することもコミュニケーションなので、それが必ずしも悪いわけではないのですが、相手ともめたくないとか、言いすぎてあとで後悔(こうかい)したくない場合は、傾聴(けいちょう)でかかわってみると良いかもしれません。

傾聴は、無条件に相手を受けとめること。自分とは違(ちが)う受けとめ方をしている人を理解しようとするのが傾聴です。

「自分と相手は意見が違うんだ」という事実は認めた上で、相手の気持ちが何なのかに耳を向けましょう。もちろん、あなたがAさんを好きだという気持ちを否定する必要はありません。それはそれとして、Bさんはこうなんだな、と理解することが出発点です。

Bさんが「Aさんを大きらいだ」と言ったとしても、反論するのではなく、「どうしてそう思うのか」「どこが、なぜきらいなのか」、そ

してそのきらいな気持ちをなぜあなたに今話そうと思ったのか、その気持ちを知ろうとします。

　Bさんの気持ちを理解し、「あなたはAさんの〇〇がきらいなんだね」と受けとめて終わりでもいいし、自分の気持ちを伝えたいなら、「でも」をつけずに（「でも」をつけると相手は否定されたように感じるからです）、「私は、Aさんのことはきらいではないので、あなたから今聞いた話にどう答えたらいいかわからない」と正直に答えてもいいでしょう。

　大切なのは、Bさんが「Aさんをきらいだ」という気持ちを否定せず、理解すること。その上で、Bさんの、Aさんに対する悪口の部分だけを聴くのでなく、なぜ話したくなったかを聴くことです。

私はAさんがきらいなんだ

✕「（むっとして）Aさんのことを悪く言うのはやめてくれる？」

○「（心の中：え？　何でAさんが私の友達と知っていてそれを言うのだろう）どういうところがきらいなの？　どうしてそれを私に言おうと思ったの？」

【解説】わざわざAさんの友達にこんなことを言うのは何かわけがあるかもしれないね。そこを聞いてあげると解決の糸口が見つかるかもしれないね。

✓ **自分の意見も曲げず、相手の意見にも反論せず、ただ「そうなんだ」と認めよう**

相手の感情に
飲み込まれそうになったら

 自分と他人はまったく別の存在だと意識しよう

＃ 感情移入しすぎるのは境界線があいまいなせい

　傾聴は、相手の身になって相手の気持ちを理解することがだいじです。しかし、いっしょうけんめい悩んでいる人の話を聴いているうちに、感情移入しすぎて自分も苦しくなってしまうことがあります。そうならないためには、常に「これは〇〇さんの身に起こったことを聴いているのであって、実際に自分の身に起こったことではない」ということをうっすら頭の中で意識することです。

　あなたと、話している相手の間には、目に見えない境界線があると考えてみましょう。相手の感情につられて自分もつらくなったり怒りたくなったりするときは、あなたと他者との間の境界線があいまいになっていると考えられます。境界線があいまいになると、相手に感情移入しやすくなるだけでなく、相手の心にずかずか入り込んだり、相手を支配したくなったりすることがあります。それは健全な関係ではありません。そうならないためには境界線を明確にして、自分と相手は別の存在だと意識する必要があります。そのためには傾聴で、相手の気持ち、自分の気持ちをよく観察することが役立ちます。

自分の気持ち、相手の気持ちを傾聴しよう

　もし、相手の話を聴いているうちにつらくなったら、「私は今、この人の話を聴いていてつらくなっている」と、心のなかで自分の気持ちを言葉にしましょう。相手に対しても「なぜこの人はここまで怒っているのだろう、何がここまで怒らせるのだろう」と、関心を持って気持ちを聴きましょう。

　もうひとりの自分が空の上からふたりをながめているイメージで、自分の気持ちと相手の気持ちを客観的に聴いていると、そのうち自分という存在と相手の存在は別ものであるということ（境界線）がはっきりしてきます。これができるようになると「相手に感情移入しすぎて苦しくなる」ということはなくなります。

> あ〜、Aさんの言動が気に入らない。むしゃくしゃする！

✕「（心の声）シバくんがすごく怒っているから、私も腹が立ってきた」

> 感情移入しすぎるのは、自分と他人の境界線があいまいになっているのかも。

◯「シバくんはすごく怒っているなあ。どうしてだろう。
　　シバくんが怒っていると私もいやな気持ちになってくるなあ」

> 自分や相手の気持ちを他人事のように（客観的に）ながめていると、「感情移入しすぎて苦しい」ということがなくなるよ。

☑ 他人に感情移入しすぎるのは
　　自分と他人の境界線があいまいになっているから

☑ 自分と他人は別の存在だと意識しよう

聴いてばかりでしんどいときは？

きらいな人の話を無理に聴かなくてもいい

断る方法や理由を用意しておく

傾聴を意識するようになると、いろいろな人から頼られるようになり悩み相談をされる機会が増えるかもしれません。でも、人の話を聴いてばかりいるとつらいと感じることもあります。そんなときは、無理に聴き続ける必要はありません。

傾聴は、がまんして人の話を聴くことではありません。

「今日はしんどくて聴きたくないな」「この人の話は聴いているとしんどくなるな」と思うときは無理をせず、断るという選択肢があることを知っておきましょう。

私のように、傾聴を仕事としているプロのカウンセラーでも、傾聴をするときは「非常口」を用意しています。「非常口」とは断る方法や理由です。非常口がなければ安心して傾聴ができません。

急には言えないかもしれないので、あらかじめ、言うべきセリフを用意しておきましょう。たとえば、「今日は○時から○○があるから聴けません」など、理由は何でもかまいませんし、なんならうそでもかまいません。特に理由が思いつかなければ、「今日はちょっと

しんどくて聴けないんだ。ごめんなさい」でもいいのです。

信頼できる大人に相談する

　聴いていてしんどくなったら、ひとりでかかえこまないこともだいじです。信頼できる大人など、だれか他の人に相談することも考えてください。あなたがだれかの相談事を聴いているうちに、苦しくなったり、感情移入しすぎてしんどくなったりしているなら、その気持ちをそのまま言葉にして人に聴いてもらうのです。

　そういう人が身近にいない場合も、言葉にした自分の感情を紙に書いてみましょう。それだけでも少し気持ちが楽になります。

上手な断り方

「今日はちょっと用事があるから聴けないんだ」

> 断るのに必ずしも具体的な理由は必要ないよ。

「今日は体調が悪いので聴けない。ごめんね」

> ちょうどいい理由がみつからなければ体調のせい（うそでもいい）にする。

☑ 断る理由や方法を用意しておく

☑ 相談できる人を見つけて相談する

話を切り上げたいときは?

 終わりを決めておく

先に終わりの時間を決める

　人の話を聴(き)いているうちに、「あれ?　この話、さっきも聞いたよな」「なんだかどうどうめぐりだな」と感じることがあります。こうなると、「そろそろ家に帰って宿題をしたいのにな」と、終わりが気になってゆっくり傾聴(けいちょう)どころではなくなりますよね。

　じっくり聴いてあげたいのはやまやまですが、だらだらと同じ話をくり返すようであれば、一度、区切りをつけたほうがいいかもしれません。でも、急に「今日はここまでにしよう」と言われると相手は突(つ)き放されたように思うかもしれませんから、最初に「今日はこの後予定があるから、〇時〇分ごろまでなら話を聴けるよ」などのように、時間を決めておくことをおすすめします。こうしておくと、「あ、そろそろ時間だね」と、すんなり終わることができますし、相手も納得できるでしょう。

　できれば「〇時までね」と一方的に言うのではなく、「〇時には帰らないといけないけどいいかな?」と相手とも相談の上決められるとなおいいでしょう。

終わりが決まっているほうが集中できる

　時間を決めるのは、あなたのために良いことですが、相手にとっても良いことです。勉強でも部活でも、時間を決めずにやるよりも、何時までと時間に制限があるほうが、段取り良くてきぱき進められるということはないでしょうか。傾聴も同じです。時間に制約があるからこそ、むだ話をせず傾聴に集中できます。相手も時間内にしっかり伝えようとするでしょう。無制限に時間があることが良いとは限らないのです。

傾聴の時間を決めておこう

「今日はこの後予定があるから、〇時〇分ごろまで
　なら聴けるよ」

終わりを決めておくのも
ひとつの方法だよ。

「また今度、時間があるときに聴くね」

自分によゆうがないときに無理に
傾聴をしなくていい。いそがしい
時はこんなふうに断ってもいいね。

　☑ 最初に終わりの時間を決めておく

　☑ 時間に制約があるほうが効率的

相手が何も変わらないけど役に立っている？

相手を変えることが傾聴の目的ではない

効果が目に見えないだけで必ず役立っている

悩んでいる人の気持ちを楽にしてあげたい、相手の気持ちを理解し人間関係を良くしたい。そんな気持ちで傾聴に取り組んでいるあなたは、とても優しくてすてきな人なのだと思います。でも、「いくら傾聴をしても相手がまったく変わらない。私、役に立っているのかな」と思うこともあるかもしれませんね。

そんなときに思い出してほしいのは、傾聴の本来の目的です。傾聴の目的は目の前にいる人のありのままを無条件に認めながらそばにいること。もっと簡単にいえば、「そばにいてただ聴く」ことです。人を変えることではありません。

見た目には何も変わっていなくても、あなたが寄りそっていることで、相手の心の中には必ず何らかの変化が現れているはずです。たとえば、不安や不満でいっぱいだった心のバケツ（P.52 参照）にすきまができたり、「ありのままの自分でいいんだ」と安心できたり。聴いてくれる人がいるというだけで救われる人だって必ずいます。

傾聴で救われるのはあなた自身

　傾聴をくり返すことは、あなたにとっても救いになります。この本の中で何度も、「気持ちに意識を向けて話を聴きましょう」と言ってきました。それができるようになると、自分の気持ちもよく理解できるようになります。また、「相手のありのままを受け入れよう」とも何度も言ってきました。これができるようになると、自分のありのままも受け入れられるようになります。自分の気持ちを知り、自分を受け入れられるようになると、自分に自信を持てるようになります。このこと自体が、役に立っていると思いませんか？　「役に立っていないのでは」と心配しなくても大丈夫。見えないところで必ず良い変化は起こっています。

傾聴ができるようになると…

- 自分の気持ちもよく理解できるようになる
- 自分のありのままを受け入れられるようになる

↓

自分に自信を持てるようになる

- ☑ 傾聴で人を変えようと思わない
- ☑ 傾聴は自分のためにもなる

傾聴はがまんではない

　傾聴というと、「自分が言いたいことをがまんして相手の言うことをひたすら聴く」「賛成できないことでもがまんして聴く」というふうに、「傾聴＝がまん」と思う人がときどきいます。でも、傾聴はがまんではありません。傾聴は、相手もあなたも楽にするコミュニケーション方法です。「相手は言いたいことを言ってすっきりしたけれど、自分はがまんして疲れ切ってしまった」では、いい人間関係とは言えませんよね。

　相手を認めるということは、自分の本心を曲げて相手に賛成することではありません。あなたの気持ちはだいじにしたうえで、「あの人は別の考え方なんだ」という事実をそのまま認めるということです。あなたはあなたのままでいいのです。傾聴は、相手を認めて、私も認めること。どちらか一方が正しい、ではなく、両方正しいという考え方なのです。

　これまでそういう考え方をしてこなかった人には、ちょっと慣れなくてむずかしく感じるかもしれません。そんなときは、幽体離脱をして上からあなたと友達のやりとりを眺めているつもりになってみてください。自分と距離をおくことで、感情的にならず「私はこういう考え方だけど、あの人はこういう考え方なんだな」と、他人事のように眺められるようになります。

自分を傾聴してみよう

「傾聴」は人の話を聴くためだけでなく、
自分の気持ちを聴き、自分を好きにな
るためにも役立つことを学びましょう。

自分自身の心の声を聴こう

自分の心の声を聴けなければ
人の話は聴けない

傾聴をしてもらうことが理解の近道

　傾聴はいつもの会話とはだいぶ違うのでむずかしいと感じる人も多いでしょう。だれだって、つい自分のことを話したくなるし、反論したい気持ちを抑えながら寄りそうのは簡単ではありません。

　傾聴を理解する一番良い方法は、自分がだれかに傾聴をしてもらうことです。あなたの言うことを無条件に肯定し、共感的に理解してもらえた、胸のつかえがとれてすっきりした、不安が解消されて安心した、すごく勇気がわいてきた。そんな経験をするはずです。傾聴してもらえて良かったな、傾聴ってすばらしいなと思える体験を持つことがとてもだいじです。その経験がないまま、学んだテクニックを利用して傾聴しようと思っても、むずかしいと思います。

自分で自分を傾聴してみる

　大人なら精神科医や心療内科を訪ねて傾聴ができるプロのカウンセラーにお願いすればいいですが、みなさんにはそれはむずかしいでしょう。じゃあ親や先生に傾聴をしてもらう？　ここだけの話です

が、親や先生で傾聴が上手な人はなかなかいません（むしろ、もっと傾聴を勉強してほしいくらいです）。

　ですからみなさんは、まずは自分自身の声を聴いてあげてください。いやなこと、つらいこと、腹立たしいことを言葉にして、「何がそんなにいやなの?」「そのことについてあなたはどう思うの?」「そう感じるんだね」と、否定せず、反論せず、ただ聴いてください。

　自分の気持ちを聴けない人が、他人の気持ちを聴くことはできません。傾聴の理論を知ってテクニックをちゃんと使えるようになるためにも、自分の心の声も聴けるようになりましょう。

自分で自分を傾聴してみよう

 なんでそんなにイライラしているの?

 Aさんが何かとイラつくんだね。
どうしてAさんが気になるの?

 それはどうしてだと思う?

 なるほど、嫉妬（しっと）しているんだね。
イライラするのはいやだよね

 そうなんだ。　なんとかしたいんだね

- ✅ 傾聴の良さを知るには傾聴をしてもらうのが一番
- ✅ 自分の声を聴けない人は人の声も聴けない

私は私でOKと認めよう

自分を承認できなければ他人も承認できない

自己理解ができた分だけ他者理解ができる

傾聴とは、「あなたはあなたのままでいいですよ」と相手にOKを出すこと（相手を承認すること）です。

前項で、「自分の気持ちを聴けない人が、他人の気持ちを聴くことはできません」と言いましたが、それと同じように、相手を無条件に肯定できるかどうかは、あなたがあなた自身をどれだけOKと思えるかにかかっています。自分を承認できない人が他人を承認することはできません。

「そうはいっても、欠点ばかりの自分にOKを出すなんて無理」と思うかもしれませんね。私だって同じです。怒りっぽい、プライドが高い、飽きっぽいなど、たくさんの欠点があります。でも、自分の欠点から目を背けずに見つめることにしています。そして「自分のこういうところがいやなんだよね」とありのままを認めています。

「私は私でOK」と思えている人は、相手の意見がどうであろうと「私と相手とは違う意見だけど、私もOK、相手もOK」と思うことができます。自分にOKを出せていない人は、「自分を認めてほしい」

という気持ちが働いて、相手の意見に反論したり、自己主張をしたくなり、「無条件にただ聴く」ということがむずかしくなります。

自分の中に天使くんを持とう

自分に厳しすぎてなかなか自分に OK が出せないという人は、自分に優しい声をかけてあげてはどうでしょうか。

私は、自分のいやな面を「悪魔くん」と呼び、良い面を「天使くん」と呼んでいます。悪魔くんはときどき現れて私を落ち込ませたり、いやな気持にさせますが、悪魔くんの何倍も多くの天使くんが現れて「悪気はなかったんだからしょうがないんじゃない?」「あなたもけっこうがんばったと思うよ」と優しい声をかけてくれます。悪魔くんも天使くんも両方いて私。これで OK、と思っています。

天使くんならどんな声をかけてくれるかな?

よくがんばったよ

これはこれで
いいんじゃない?

しょうがないよ

よくがまんしたね

がんばってたのを
知っているよ

☑ 他人を承認するためにはまず自分から

☑ 自分の欠点もふくめて自分に OK を出そう

あなたの一番の理解者はあなた自身

あなたのことを一番わかってくれている人はだれですか?

友だちですか?　親ですか?

「そんな人はいない」という人もいるかもしれません。

もしだれもいないのなら、あなた自身があなたの最大の理解者になることをおすすめします。「いる」と答えた人も、あなた自身をメンバーに加えてください。

「自分には味方がいない」と悩(なや)む人は、まわりの人以前に、自分が自分の味方になっていないことが案外多いのです。あなたも、「欠点だらけの自分がきらい」「こんな私では好かれなくてもしかたがない」と、自分にダメ出しをしていないでしょうか?

少なくともあなただけは、あなた自身の味方になりましょう。そのためにはP.99でも触(ふ)れたように、「よくがんばっているよ」「これだけできれば上等だよ」と、自分に優しい言葉をかけることがだいじです。

自分の欠点ばかりが目につく人は、他人に対しても欠点が目についてその人を否定したくなります。逆に、自分の良い面を見つけてほめることができる人は、他人に対しても優しい気持ちで接することができます。そうすれば、自然とあなたの周りに人が集まり、味方も増えていくことでしょう。もちろん傾聴(けいちょう)も、以前より上手にできるようになるはずです。

第 **7** 章

【実践編】
（じっせん）

傾聴してみよう

自分だけ、あるいは友達と「傾聴」を体験し、
傾聴スキルを磨くワークを紹介します。

自分を傾聴するためのワーク❶

心の天気を書こう

今の気持ちを天気で表すとしたらどんな感じですか？　お天気マークで書いてみましょう。絵が得意な人は、太陽や雲、雨などを色鉛筆やカラーペンを使って自由に書いてかまいません。

例

ねらい　これは、自分で自分の気持ちを聴くための最も簡単なワークです。「今日の私は、晴れの気分だな」「嵐のような気分だな」など、自分の気持ちを客観的に観察し、「それは良かったね」「それはそれでしかたないね」と自己承認します。これをくり返すことで、気持ちを客観的に見ること、どんな感情であれ肯定し承認することができるようになります。

自分を傾聴するためのワーク❷

長所と短所を書き出そう

(1) 自分の長所と短所を書き出してみましょう。

例 長所
- 何でも自分から進んでやろうとする
- 友達が多い
- 性格が明るい

短所
- 自分の思い通りにならないとふきげんになる
- 思ったことをずばずば言いすぎる
- みんなに合わせて行動するのがきらい
- ちょっとしたことですぐ落ち込(こ)む

(2) 書き出したものをよく眺(なが)めてみましょう。

(3) 眺めて感じたことを書きましょう。

例
- 欠点もあるけど長所もけっこうあるな
- ○○の欠点は直したいけどなかなか直らないな
- □□については自分でも気をつけているほうだよな
- これからは△△については直したいな
- ◎◎についてはもっと伸ばそう

など

ねらい 自分の短所はつい目を背けたり、隠そうとしたりしがちです。これをあえて文字にして“見える化”することで、「自分ってこうなんだな」と客観的に自分を眺めることができます。欠点もふくめて自分を知り、「これも私なんだ」と、自分にOKを出せるようになります。

自分を傾聴するためのワーク❸

気持ちを言葉にしてみよう

　自分がすごくつらかったこと、悲しかったことを思い出し、それを文章にして書いてみましょう。

例　学校に行く前に、部屋が片づいていないことを親から注意されて、「あとでやるから」と言ったら、「いつもお前はあとでやるからと言ってやらない」と言い返された。いつもじゃないのに。

　　そこから始まって、勉強のことや部活のことまでくどくど言われて、朝から気分が悪くなった。「うるさい！」とどなって、思いっきり大きな音をたててドアを閉めて学校に行った。あとで、あんなふうに親にひどいことを言ったり、いやな態度をとらなければ良かった、と思うと自分がいやになった。

ねらい　"見える化"する体験をくり返すと、表現するのが上手になります。それだけでなく、この作業自体が自分の気持ちを傾聴（けいちょう）することになり、自己理解が深まります。

　自分を傾聴できるようになると、人の気持ちもよく理解できるようになります。

自分で自分を傾聴してみよう

　ワーク❸で書き出したことをもとに、自分で自分を傾聴してみましょう。

例　自分A 「学校に行く前に、部屋が片づいていないことを親から注意されて、「あとでやるから」と言ったら、「いつもお前はあとでやるからと言ってやらない」と言い返された。いつもじゃないのに。」

　　　自分B 「いつもそうだと決めつけられていやだったんだね」

　　　自分A 「そうなんだ。ちゃんとやるときはやるのに」

　　　自分B 「やるときはやっているねと言ってほしかったね」

　　　自分A 「そうそう。それに、そこから始まって勉強や部活のことまで言われて」

　　　自分B 「それはいやだったね」

　　　自分A 「ほんと、いやだった。朝から気分が悪くなった」

　　　自分B 「そうだよね、１日の始まりなのに気分が悪いよね」

相手の言葉の「くり返し」ができていますか？　相手の言いたいことを短くまとめる「伝え返し」ができていますか？気持ちに寄りそえていますか？

自分を傾聴するためのワーク❺

自己紹介マップをつくろう

　考えを"見える化"して整理する、マインドマップという方法で、自分の自己紹介マップをつくりましょう。自分は何が好きで、何が得意か、自由に言葉をつなげて、自分という人間を掘り下げてみましょう。

【作り方】

(1)　紙の中心に、円を描きその中に自分の名前を書きます。

(2)　円から線を引いて、その先に、「大切にしていること」「好きなこと」「得意なこと」「がんばったこと」「これからやりたいこと」など、好きなテーマを書きます。

(3)　各テーマについて、連想する言葉を思いつくままにどんどん書いていきます。

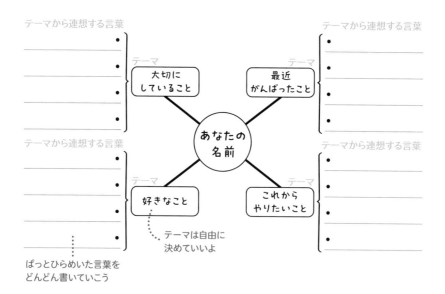

テーマから連想する言葉

テーマ
大切に
していること

テーマ
最近
がんばったこと

テーマから連想する言葉

テーマから連想する言葉

あなたの
名前

テーマ
好きなこと

テーマ
これから
やりたいこと

テーマから連想する言葉

テーマは自由に
決めていいよ

ぱっとひらめいた言葉を
どんどん書いていこう

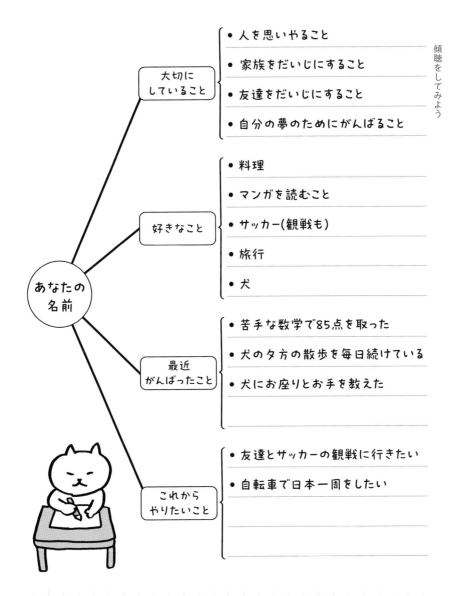

大切に
していること
- 人を思いやること
- 家族をだいじにすること
- 友達をだいじにすること
- 自分の夢のためにがんばること

好きなこと
- 料理
- マンガを読むこと
- サッカー(観戦も)
- 旅行
- 犬

あなたの
名前

最近
がんばったこと
- 苦手な数学で85点を取った
- 犬の夕方の散歩を毎日続けている
- 犬にお座りとお手を教えた

これから
やりたいこと
- 友達とサッカーの観戦に行きたい
- 自転車で日本一周をしたい

ねらい 書くときに、「どうしてこれが好きなの?」「どんな気持ちがするの?」と自問自答することで、自分ってこうなんだな、と自己理解が深まります。

自分を傾聴するためのワーク❻

自己紹介を聴き合おう

　ワーク❺でつくった自己紹介マップを使って、友達と自己紹介をし合いましょう。

たとえばこんなふうに話し合ってみましょう。

「どうしてこれが好きなの？（これがやりたいの？）」
「これは私と同じだね（これは私と反対だね）」
「これはどういうこと？　もっと詳しく教えて」

これはどういうこと？

どうして〇〇なの？

相手に関心を持って
聴くことがだいじだよ。

ねらい　友達とは、テーマも違えば、そこに書かれた言葉も違うことに気づくでしょう。知っていたつもりで、知らなかった友達の一面も見えてくるかもしれません。
　このワークは、「みんな違ってみんないい」ということを知るためのワークなのです。

自分を傾聴するためのワーク❼

自己紹介を聴いてほめ合おう

　自己紹介マップでお互いのことを知ったら、良いところを見つけてほめ合いましょう。

　ただ「良いね」「すごいね」だけ言われても、口先だけだな、と相手にはわかってしまいます。なぜ、どういうところがすごいと思ったのか、理由もふくめてほめましょう。

△「ねこさんは自転車で日本一周したいというのがすごいと思いました」

◎「ねこさんは、自転車で日本一周旅行をしたいというのを聞いて、むずかしいことに挑戦する姿勢がすごいと思いました。体力づくりのために朝、走っていると聞いて、とても感心しました」

ねこさん
すごい！

ただ「すごい」だけじゃなくて、どういうところがすごいと思ったか、ちゃんと理由を言ってあげると、ほめられた人も納得できるね。

ねらい 口先だけでなくてちゃんとほめようと思ったら、相手のことをよく知らないとほめられません。相手を知るためには、話をよく聴かないといけませんね。どんな人でも、その人のことをよく知れば、必ず良いところが見つかるはずです。今まで苦手だった人とも仲良くなれるかもしれません。傾聴にはそんな力もあるのです。

傾聴の練習をしてみよう❶

どっちの聴き方が心地良い?

　うなずきやあいづちは傾聴の基本です。それはなぜなのか、実際に体感してみましょう。

【やってみよう】

(1)　友達とペアになって、ひとりが聴き手役、
　　　もうひとりが話し手役になります。

聴き手役

話し手役

(2)　話し手役の人は、この前の日曜日にしたことを話してください。聴き手役は、次の「傾聴ではない態度」で聴いてください。(1分間)

傾聴ではない態度

- 話し手と目を合わさない
- 身体も話し手のほうに向いていない
- うなずいたりあいづちを打ったりしない
- 何かほかのことをしながら聞く

(3) 聴き手役、話し手役はそのままで、聴き手役は次の「傾聴の態度」で聴いてください。（1分間）

傾聴の態度

- 話し手の目を見て聴く
- 体を話し手のほうに向ける
- うなずいたりあいづちを打ちながら聴く
- ちゃんと集中して聴く

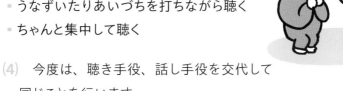

(4) 今度は、聴き手役、話し手役を交代して同じことを行います。

聴き手役

話し手役

(5) 傾聴ではない態度で聴かれたとき、傾聴の態度で聴かれたとき、それぞれどんな気持ちになったか、ふたりで話し合いましょう。

ねらい 聴き手の態度によって話し手は話しやすくなったり話しにくくなったりすることを感じ取れたでしょうか。うなずきやあいづち、相手のほうに向き、相手の目を見ながら聴くことがだいじだということがわかったでしょうか。

傾聴の練習をしてみよう❷

「くり返し」をしてみよう

　第4章で、相手の言ったことをそのままくり返すことの大切さを話しました。会話例を見て、どんなふうにくり返せばいいか、考えてみましょう。

❶「最近、部活がおもしろくないんだ」
　「　　　　　　　　　　　　　　　　　」
❷「担任の先生にきらわれている気がするんだ」
　「　　　　　　　　　　　　　　　　　」
❸「テスト勉強をする気になれないんだ」
　「　　　　　　　　　　　　　　　　　」

【くり返しの例】

❶「部活がおもしろくないんだね」
❷「先生にきらわれている気がするんだね」
❸「勉強する気になれないんだね」

全部そのままくり返すのではなくて、大事なキーワードをくり返すことがポイントだよ。

【やってみよう】

　ふたりでペアになって、話し手役と聴き手役になって、「くり返し」の練習をしてみましょう。

(1)　話し手は、最近いやだったこと、がんばったことなど、何でもいいので自由に話してください。

(2)　聴き手は、話し手が言うことをくり返します。

(3)　1分経ったら、聴き手役と話し手役を交代して、また1分会話をします。

(4)　くり返してもらいながら話を聴いてもらうとどんな気持ちがするか、話し合いましょう。

前項で学んだ「傾聴する態度」で聴くと、より良いね！

クラス委員に選ばれちゃって…

クラス委員に?

人前で話すの苦手だし不安

自分にできるのか不安なんだね

クラス委員
モフ山　正正正
シバ　正
ぱん田　正下
ゴリ美　正一

ねらい　「くり返し」をしてもらうと、話し手は「自分の言ったことを聴いてもらえている」という安心感や満足感を感じてより話しやすくなり、また、聞き手への信頼感（しんらいかん）が生まれてきます。そして話し手は、聴き手がくり返した言葉を聴くことで、自分の気持ちや考えを整理することができます。

傾聴の練習をしてみよう❸

事実と気持ちを聴き分けよう

第4章で、「傾聴をするときは、『事実』ではなく『気持ち』に注目して聴こう」ということを話しました。会話例を見て、事実と気持ちを聴き分けて、気持ちをくり返す練習をしてみましょう。

次の会話例の中から「事実」と「気持ち」を見つけましょう。「気持ち」をくり返しましょう。

例 「最近、英語の授業についていけなくて、
　　あてられるのが不安なんだ」

事実 「英語の授業についていけない」
気持ち 「あてられるのが不安」

【くり返しの例】
✕ 「英語の授業についていけないんだね」
◯ 「あてられるのが不安なんだね」

> 傾聴では、くり返すのは「事実」
> ではなく「気持ち」だよ。

【やってみよう】
事実と気持ちを抜き出しましょう。気持ちをくり返してみましょう。
(1) 「朝起きられなくて、学校に行きたくないんだ」
　　　事実 （　　　　　　　　　） 気持ち （　　　　　　　　　）
　　　くり返し 「　　　　　　　　　　　　　　　　　　」

(2) 「親がけんかばかりしていて、毎日いやな気分なんだ」

事実（　　　　　　　　　）　　気持ち（　　　　　　　　　）

くり返し「　　　　　　　　　　　　　　　　　　　　」

(3) 「後輩が全然言うことを聞かなくてむかつくんだ」

事実（　　　　　　　　　）　　気持ち（　　　　　　　　　）

くり返し「　　　　　　　　　　　　　　　　　　　　」

【答えの例】

(1) 事実「朝起きられない」　気持ち「学校に行きたくない」
くり返し「学校に行きたくないんだね」

(2) 事実「親がけんかばかりしている」　気持ち「毎日いやな気分」
くり返し「毎日いやな気分なんだね」

(3) 事実「後輩が言うことを聞かない」　気持ち「むかつく」
くり返し「むかつくんだね」

実際の会話では、事実と気持ちの区別がわかりにくいこともあるかもしれないけど「気持ちを聴こう」という意識で聴くことがだいじだよ。

ねらい 傾聴は、相手の気持ちに寄りそうことがだいじです。でも、「気持ちを聴き出してやろう」「気持ちを当ててやろう」と思って聴くのが傾聴ではありません。相手の話をよく聴いていれば、言葉の中に自然と気持ちが現れているものです。それを見逃さないでほしいのです。

傾聴の練習をしてみよう❹

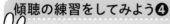

IメッセージとYouメッセージを使い分けよう

「私」が主語の言い方を「I（アイ）メッセージ」、「あなた」が主語の言い方を「YOU（ユー）メッセージ」と言います。「YOUメッセージ」は場合によっては、相手を責める言い方になりますが、「Iメッセージ」は、相手を責めたり傷つけたりしない言い方です。

例 友達にノートを貸すといつもなかなか返してくれないことが不満だとします。

これを YOU メッセージで伝えると…？

「（あなたは）いつもなかなか返してくれないよね。（あなたは）すぐに返して！」

これをIメッセージで伝えると…？

「（私は）ノートを早めに返してくれないと困るんだ。（私は）すぐに返してくれると助かるんだけど…」

（　）内は、普通は言わないけれど、あえて主語を入れるとこうなることを示しているよ。

　2つの言い方を聞いてどう思いますか？　どちらの言い方のほうが、相手を傷つけないと思いますか？

　同じことを伝える場合でも、できるだけIメッセージを使うことで、相手と良好な関係をつくることができます。傾聴でもよく使いますから練習をしておきましょう。

【やってみよう】

次の言葉をIメッセージに言い換えてみましょう

❶ 「（あなたが）さわがしくて集中できない」

➡ 「　　　　　　　　　　　　　　　　　　　　　　　」

❷ 「なんで（あなたは）そんなふきげんな顔をするの？」

➡ 「　　　　　　　　　　　　　　　　　　　　　」

❸ 「私の話、（あなたは）ちゃんと聴いてる？」

➡ 「　　　　　　　　　　　　　　　　　　　　　　」

【答えの例】

❶ 「私は集中したいので、静かにしてほしい」

❷ 「あなたがそんなふきげんな顔をしたら私は悲しくなる」

❸ 「私は話をちゃんと聴いてほしい」

YOUメッセージで
言われると責められ
ている気になるね

Iメッセージだと言い方は
やさしいけれど、ちゃんと
主張も伝わるね

ねらい　Iメッセージは相手を尊重しつつ自分の言いたいことも伝えられるコミュニケーション方法。YOUメッセージは命令的になったり相手を責める言い方になることがあります。ただ、要望を簡潔に伝えるときなど、YOUメッセージのほうが良い場合もあります。上手に使い分けることがだいじです。

自分にとっての当たり前を疑おう

信号機の色は何色か知っていますか？　赤、緑、黄色ですよね。では、左からどんな順番で並んでいるか言えますか？　毎日当たり前に見ているのに、意外と知らなかったりしますよね。

世の中には、ある人にとっては「知っていて当たり前」でも、ある人にとってはむずかしいことがたくさんあります。また、得意不得意も同じで、ある人にとっては簡単なことでも、他の人にとってはむずかしいことがあります。

でも私たちは、他人に対して「こんなことも知らないの？」「このくらいできて当たり前」と思ってしまうことがよくあります。知らず知らずのうちに、「自分にとっての当たり前」を他人にも押しつけているのです。

そういう気持ちがあると、人の話を聴いていても「なんでできないの？」「そんなふうに考えるほうがおかしいんじゃないの？」と、あなたの「当たり前」が邪魔をして、素直に人の気持ちを聴くことができなくなります。

人のことを批判したくなったり、人の言動にイライラしそうになったときは、ちょっと立ち止まって、「今、私の当たり前を押しつけようとしていないかな？」と自分に聞いてみてください。そうすると、もっと傾聴がしやすくなりますよ。

Q & A

Q グループ学習のリーダーをしていますが、みんなが協力してくれません。どうしたらいいですか?

　まず、あなたがリーダーとしてこのチームをどうしたいか、チームで何を目指したいか、あなたの気持ちをみんなに伝えましょう。その上で、協力してほしいことを伝えます。

　もしかしたらやる気はあるけど何をしたらいいかわからない人もいるかもしれません。そういう人に積極的に動いてもらうためにも、リーダーが目標を示すことが重要です。また、「やらなければいけないからやりましょう」と言われるよりも、「これをやることには意義があるし楽しいからぜひやりましょう!」「みなさんの協力が必要です!」と言われたほうがやる気になります。リーダーとしては、そういう知恵も持っておきましょう。

　あなたの気持ちを伝えたら、次はメンバーとの信頼関係をつくりましょう。そのときに傾聴が役に立ちます。

　メンバーひとりひとりに、あなたの発表を聞いてどう思ったのか、これからの活動にどんなふうに関わりたいかなど、意見や気持ちを聴きます。中にはしかたなく参加している人もいるかもしれません。そういう人には、なぜやる気になれないのか、どうすればやる気になれるのか、その人の気持ちに寄りそいながら聴き出しましょう。信頼関係ができれば、おのずと協力してくれるようになるでしょう。

Q 人と話すのが苦手です。だれとでも話せる人がうらやましいです。どうしたらだれとでも話せるようになりますか?

実は私も苦手です。だれとでも話せる人がうらやましいという気持ちもとてもよくわかります。でも、だれにでも得意不得意はあります。「苦手も個性なんだ」と考えてみてはどうでしょうか。そして、「人と話すのが苦手な自分」にも OK を出しましょう。

ただ、傾聴ができるようになると人と話すことへの苦手意識がなくなるのは確かです。以前の私は、物知りになっていろいろなことを知っていれば、だれとでも話を合わせられ、人と上手に話ができるだろうと思っていました。でも、知識を広げるのも限界があるし、自分が興味のないことまで知ろうとするのはムリがありました。

ところが傾聴を学んで人の気持ちを聴けるようになると、知識なんかなくても話が続いていくし、人との信頼関係もできるようになっていきました。そして気がついたら私は、「人と話すのが苦手」ではなくなっていました。

急には変わらないかもしれませんが、だれかと話したいなと思ったときに勇気を出して声をかけてみてはどうでしょうか。話がうまく続かなくて気まずい思いをしたとしても「よく声をかけたね!」と自分で自分をほめてあげてください。そうやって少しずつ「こうありたい」という自分に近づいていけばいいのではないでしょうか。

Q 何回も同じ悩みを話す人がいるのですが、正直疲れます。どうしたらいいですか？

　自分を頼ってきてくれた人の役に立ちたいと思うあなたはとても優しい人ですね。でも、あまり度重なるとつらくなります。しかも同じ話のくり返しだとなおさらですよね。私だって同じです。

　傾聴は「がまんして話を聴くこと」ではありません。自分がつらいと思うなら、断るのは決して悪いことではありません。相手をだいじにするのと同じくらい、あなたの存在もだいじだからです。

　こういう場合は、第5章でも紹介したように、「非常口」（断る方法や言い方）をあらかじめ考えておくことをおすすめします。事前に用意しておかないと断わりづらいものですが、「こう言って断ろう」と最初に決めておけば、用意したセリフを言うだけなので断るハードルが低くなります。

　そして、ひとりで抱え込まず、信頼できる大人に相談すること。「信頼できる」というのが重要でありむずかしいことでもあります。日ごろから、困ったときに相談できる大人を探しておきましょう。どうしてもいなければ、公的機関に相談しましょう（下記参照）。SNSで相談できる窓口もあります。

●子供のSOSの相談窓口
https://www.mext.go.jp/a_menu/shotou/
seitoshidou/06112210.htm

●こどもの人権110番
https://www.moj.go.jp/JINKEN/
jinken112.html

Q 自分は、傾聴だけではなくアドバイスがほしいと思うことがありますが、アドバイスはしてはいけないのですか？

　アドバイスがいけないわけではありません。ただ、第3章で述べたように、心のバケツが不満や不安、心配ごとなどでいっぱいのときは、人からの提案やアドバイスは頭に入っていきません。そういう場合はまず傾聴をして、心のバケツの中のマイナスな気持ちを外に出させてあげてください。そうやって心のバケツにすきまができれば、そのときは、あなたのアドバイスが有効かもしれません。ただし、その人が本当は何を欲しているか理解したうえで、相手にひとつ聞かれたらひとつ答えること。求められていないのにあれもこれもアドバイスをすると相手は苦しくなってしまいます。

　忘れないでほしいのは、あなたのアドバイスを相手が受け取るかどうかは相手の自由であるということ。もし受け取ってもらえなくても、「せっかくアドバイスをしたのに」と怒らないでください。あなたにはうまくいった方法が別の人にもうまくいくとは限らないのです。「私の場合はこうやったらうまくいったけど、人それぞれだから、参考になるなら参考にしてね」くらいの気持ちでアドバイスをしたほうが、あなたも相手も気が楽です。

Q 友達がクラスで仲間はずれになっています。どうやって助けてあげたらいいですか。

　とてもむずかしい問題です。なんとかしてあげたいというあなたの優しい気持ちはとてもすばらしいと思います。でも、「助けてあげよう」とか「解決してあげなければ」と考えるのは、子どものあなたには少し荷が重すぎます。本当は大人に相談したほうがいいのですが、だれに言うかはとても重要です。むしろ大人に言ったことでより状況が悪くなることもあるかもしれません。

　まず、あなたができることを考えましょう。ただそばにいてあげるだけでも十分に助けになっていると思います。もし、その子といっしょにいるところを人に見られると、あなたまで仲間はずれになりそうだと心配なら、LINE でも手紙でもいいので、「私はあなたの味方だよ。話を聴いてほしいときはいつでも聴くよ」という気持ちを伝えることです。そして、その友達と信頼関係ができたら、「あなたはどうしてほしいの」と希望を聴いてみましょう。大人に相談するにしても、本人が希望しない限りはしないほうがいいのです。ただし、このままでは友達が危険だと思ったら、そのときは大人に助けを求めましょう。身近に信用できる大人がいないなら、P.122 でも紹介したように、公的機関に相談するといいでしょう。

Q 傾聴ってとてもむずかしいです。どうしたらうまくなりますか?

　むずかしいと感じるのは当然です。大人でもむずかしいです。理想的なのは、あなた自身が人から傾聴されて、「傾聴してもらうって気持ちがいいなあ、心が軽くなるなあ」という経験をすることです。そうすれば、「傾聴ってこんなことかな?」と理解しやすくなります。

　傾聴のテクニックはこの本でいろいろ説明していますが、一番むずかしいのはテクニックよりも「自分の意見やアドバイスを言いたくなる気持ち」「相手に聞くことへの遠慮やためらい」を克服することです。そんなとき、自分が一度でも傾聴をしてもらった経験があれば、どういう聴き方が良いか、判断の助けになります。

　ただ、くれぐれも無理はしないように。本に書いてあること全部をやろうとしてもできないので、これならできそうだな、これは便利だなと思うところだけでも試してみてください。むずかしいと感じているのなら、その気持ちをまずはだいじにしましょう。「むずかしいけどがんばらなければ」と励ますのではなく、「むずかしいからできなくてもしかたがないよね、今日はここまでできれば上等だよね」と、自分の気持ちを傾聴しながらやっていきましょう。

おわりに

　最後まで読んでくださってありがとうございます。
　傾聴について少しでも理解できましたか？　実際に傾聴にチャレンジしてみましたか？　やってみて、むずかしいなと感じた人もいるのではないでしょうか。
　むずかしくて当然です。私もなかなか上手にならなくて、つらいな、と思うことは何度もありました。でも、なぜかやめてはいけない気がして続けてきました。

　最初は、私が聴くことで救われたり、感謝してくれる人がいる、だから続けてきたのだと思っていました。ところが最近になって、実は私は、人の話を聴きたいのではなく、自分が聴いてほしかったのだと気づきました。私自身がずっと、「だれにもわかってもらえない」「だれかにわかってもらいたい」という気持ちをかかえていたのだと、突然思いいたったのです。
　私の両親は、私を大切に育ててくれたとは思いますが、私の気持ちを聴いてくれた、という実感はほとんどありません。
　いつも「○○すべきだ」「○○してはダメだ」と言われ続けてきたように思います。もちろん親は、傾聴なんて知りませんし、私のために良かれと思ってそう言ってくれたのだと思います。
　でも私は、ただただ話を聴いて、わかってほしかったのです。
　私は、子どものころの寂しかった自分の気持ちを満たすために、

傾聴を続けてきたのかもしれません。

　傾聴は私のようなカウンセラーや相談員の人であれば、当然持っておいたほうが良い知識やスキルですが、みなさんのように専門家でない人も、知っておくことで、人間関係が楽になり、生きやすくなります。それだけではありません。あなた自身が落ち込んだり、つらいなと思ったときに、傾聴のスキルがあれば、あなた自身があなたの気持ちを傾聴することができます。

　「ありのままの自分でいいんだよ」「欠点があってもあなたを尊重するよ」と自分に声をかけてあげることができます。

　傾聴は、あなたと他人との関係も、あなたとあなた自身の関係も良くしてくれる最強のコミュニケーション方法です。

　みんなが傾聴を知って、お互いを尊重し共感し関心を持つことができれば、世の中はもっと良くなるのではないでしょうか。その第一歩をみなさんが踏み出してくれたら、こんなにうれしいことはありません。

　　　　　　　　　　　　　　　　　　　　　　　岩松 正史

【監修者】岩松 正史（いわまつ まさふみ）
心理カウンセラー（公認心理師）。一般社団法人日本傾聴能力開発協会代表。2005年から日本中を笑顔の聴き上手だらけにすることを目標に活動中。聴く人も聴いてもらう人も両方が楽になる傾聴教育に特化。引きこもり支援NPOや若者サポートステーション相談員として個人面談を実施。企業、社会福祉協議会、ボランティア団体向けに年150日以上セミナー、研修、講演を行い延べ1万人以上を指導。心に寄りそいながらも明快な講義が人気の講師。44都道府県3か国で認定傾聴サポーターの育成をしている他、心理職やビジネスパーソン向けの個別面談を行っている。
一般社団法人日本傾聴能力開発協会 jkda.or.jp

■ 編集・制作：有限会社イー・プランニング
■ 編集協力：石井栄子
■ イラスト：Tossan
■ DTP/本文デザイン：大野佳恵

13歳からの「傾聴力」向上バイブル
人間関係を豊かにする聴く力が身につく本

2024年6月15日　第1版・第1刷発行

監　　修　岩松 正史（いわまつ まさふみ）
発 行 者　株式会社メイツユニバーサルコンテンツ
　　　　　代表者　大羽 孝志
　　　　　〒102-0093　東京都千代田区平河町一丁目1-8
印　　刷　株式会社厚徳社

ご意見・ご感想はホームページから承っております。
ウェブサイト　https://www.mates-publishing.co.jp/

企画担当：千代 寧